Lya Luft | A riqueza do mundo

Lya Luft | *A riqueza do mundo*

EDITORA RECORD
RIO DE JANEIRO • SÃO PAULO

2011

CIP-Brasil. Catalogação na fonte
Sindicato Nacional dos Editores de Livros, RJ.

L975r   Luft, Lya, 1938-
        A riqueza do mundo/Lya Luft. — Rio de Janeiro:
        Record, 2011.

        ISBN 978-85-01-09405-6

        1. Ensaio brasileiro. I. Título.

11-1332   CDD – 869.93
                        CDU – 821.134.3(81)-3

Copyright @ 2011 by Lya Luft

Projeto gráfico original: Evelyn Grumach e Carolina Ferman

Texto revisado segundo o novo
Acordo Ortográfico da Língua Portuguesa

Direitos exclusivos desta edição reservados pela
EDITORA RECORD LTDA.
Rua Argentina 171 • 20921-380 Rio de Janeiro, RJ • Tel.: 2585-2000

Impresso no Brasil

ISBN 978-85-01-09405-6

Seja um leitor preferencial Record.
Cadastre-se e receba informações sobre nossos lançamentos
e nossas promoções.

Atendimento e venda direta ao leitor:
mdireto@record.com.br ou (21) 25852002.

Para Vicente, presença essencial.
Para Susana, André e Eduardo,
que com suas famílias
multiplicaram minha alegria.
Para meu irmão Ney,
com quem partilho memórias encantadas

Sumário

I | DA SOCIEDADE 11
Deuses e Homens 12

1. Nós, os contemporâneos 13
2. Os meus olhos azuis 21
3. Duas justiças e um diabinho
no ombro 29
4. As santas mulheres
(e os homens que as maltratam) 43
5. A política e a estrutura da gelatina 49
6. Liberdade com preço 57
7. Uma questão de autoestima 65
8. O sorriso dos terroristas 75
9. Educar: ensinar a pensar 81
10. Quando educar é trair 91
11. A riqueza do mundo 99

a riqueza do mundo | 7

II | DOS AFETOS 111
O que não é banal 112

12. Panorama visto da infância 113
13. Família interrompida 121
14. Canção de mãe e de pai 127
15. Adolescência, desafio de todos 135
16. O aprendizado amoroso 143
17. Velhice: why be normal? 147
18. Sobre a amizade 155
19. O Bosque 161
20. Quando os homens falam 167
21. Fadas, bruxas, e a luz no túnel 173
22. Para celebrar 179

III | DAS COISAS VÁRIAS 189
No deserto 190

23. Os vampiros pós-modernos 191
24. Sem medo dos novos códigos
    (nem do e-book) 197
25. Computador: maravilhas e
    armadilhas 207
26. Pestes modernas, noivas absurdas 215
27. Não tem problema? 225
28. Anjos cansados 233
29. Esse animal deu errado? 237
30. Adição: correndo no labirinto 243
31. O poder feminino e a mulher
    limpinha 251
32. O mundo que não acaba 259
33. Não ir mais pra Pasárgada 265

Faço do meu leitor o meu parceiro a cada novo livro, para dividir sustos e encantamentos sobre o tema que abordo.

Também neste A riqueza do mundo, que fala do que conquistamos ou nos é concedido: os delírios da arte, as aventuras da ciência, os campos lavrados, os mares e céus que sondamos, os enigmas do amor. Mas fala também do que desperdiçamos ou matamos, da pobreza advinda do desinteresse, da dor nascida da traição, das crenças que se digladiam, da educação que não ensina a liberdade mas empobrece a mente.

Escrevo sobre coisas muito banais e pequenos enigmas, ou sobre grandes temas que não compreendo: tudo, o bom e o sombrio, faz parte deste mundo, com sua riqueza e sua miséria. Cabe a nós observar, refletir, e lutar com o necessário grão de esperança e a sólida espada da indignação — para que se cumpra o nosso destino, que é de senhores, não servos.

Mas isso, a cada dia, precisamos construir.

Lya Luft
Gramado, O Bosque

I | *Da sociedade*

DEUSES E HOMENS

Os deuses estavam de bom humor:
abriram as mãos e deixaram cair no mundo
os oceanos e as sereias,
os campos onde corre o vento,
as árvores com mil vozes,
as manadas, as revoadas
— e, para atrapalhar, as pessoas.

O coração bate com força
querendo bombear sangue
para as almas anêmicas.
Mas onde está todo mundo?
Correndo atrás da bolsa de grife,
do ipod, do ipad,
ou de coisa nenhuma.
Tudo menos parar, pensar, contemplar.

(Enquanto isso a Morte revira
seus grandes olhos de gato,
termina de palitar os dentes

e prepara o bote.)

1 | *Nós, os contemporâneos*

Um grupo de psicanalistas me chama para encerrar um seminário sobre quem somos nós, homens e mulheres contemporâneos. Antes de mim falaram uma antropóloga, um psicanalista, um filósofo e outros intelectuais.

Eu, uma ficcionista que também escreve poemas, crônicas e ensaios, de início não me sentia muito à vontade, pela vastidão e complicação do tema — e pela qualidade dos que falaram antes de mim.

O que pensar, o que dizer, que perguntas esperar ou provocar, que dúvidas partilhar com essa audiência?

Comecei dizendo que estava cheia de perplexidades quanto ao assunto. O jeito era conversar, começando com a constatação de que esses contemporâneos éramos nós. Nós, quarenta a cinquenta pessoas ali reunidas numa pequena sala para debater, certamente porque pressionadas por dúvidas.

O que éramos então nós, criaturas inquietas e indagadoras?

a riqueza do mundo | 13

Éramos procura de significados e de parceria, ainda que não se resolvesse nada. A gente estava tentando.

Uma luta inglória com gigantes internos e externos, moinhos de vento nem sempre engraçados ou ingênuos, ocupa boa parte de nosso tempo, que deixa de ser dedicado aos amores, à contemplação do belo ou à interrogação da vida e ao crescimento pessoal, e ainda ao cuidado dos que de nós dependem.

Sem querer ou escolher, somos assediados por muitas solicitações, grande é a intromissão em nossas vidas e casas. Tanta coisa nos atrai ou repele, o ritmo é tão vertiginoso e as possibilidades tão extremas, que esse sujeito contemporâneo, nós, é um feixe de contradições. O que aliás torna a vida interessante, mas ao mesmo tempo enche os consultórios dos terapeutas, esvazia as prateleiras das farmácias, nos faz uma geração que duvida — o que talvez seja a nossa salvação.

É preciso muita alienação para não sentir o desconforto que reina em nossa sociedade e nossa cultura.

Se décadas atrás o mundo se limitava à nossa comunidade, algo do país e raras notícias do exterior, hoje a guerra do Afeganistão, a política europeia, a economia americana, o terremoto no Chile, as inundações na Indonésia, o derretimento de geleiras nos extremos da terra são o nosso pão cotidiano.

Crianças aprendem, se maravilham, e podem se corromper no computador — que por outro lado é inevitável, e pode ser a melhor escola. Acaba sendo essencial. Traz perigos dos quais nem nos damos inteiramente conta, nem sabemos como nos defender: mais que nunca, a meninada precisa aprender a se proteger — e a saber do que se protege.

"Discernimento" é nosso melhor legado a crianças e jovens, me dizia um velho professor. Concordo com ele todos os dias. Discernimento transmitido e cultivado desde muito cedo por pais e escola, é o instrumento primeiro que ajuda a observar, analisar, distinguir e escolher o que é construtivo ou o que vai nos destruir.

Nós somos o sujeito contemporâneo, um guerreiro forte e vulnerável: exposto a mil receitas loucas e modelos insensatos, do acordar até o adormecer. Mas também criativos, generosos, brilhantes.

Somos a geração medicada, que toma remédios para controlar o funcionamento de um organismo que desandou por muitas pressões, ou ao qual muitas vezes se nega seu próprio funcionamento, porque o temos de enquadrar segundo critérios não naturais para aquele indivíduo. Remédio para pressão e depressão, consequente baixa da libido, sonolência nos estudantes, vaguidão nas mulheres de olhar fixo e fala arrastada, desespero de incapacidades para homens, mesmo jovens, que recorrem a medicamentos que anulariam o efeito dos primeiros, a pilulinha azul, ou seus concorrentes.

Rostos inexpressivos por excesso de intervenções estéticas, torturas físicas na procura de um ideal impossível, e o desejo irreal de uma subtração do tempo.

O certo é que, dizendo que queremos o natural e a natureza, promovendo seminários e montando organi-

a riqueza do mundo | 15

zações em favor dela, nunca nos distanciamos tanto dessa mãe primeira. Vivemos boa parte de nossos dias segundo conselhos pífios, orientações contraditórias e informações caóticas (sobre saúde, sobre cuidado de filhos), estimulados a estar sempre na crista da onda, ou em busca de receitas duvidosas para burlar o tempo ou impedir o corpo de seguir seus naturais processos de maturidade e envelhecimento.

Talvez a gente precise refletir sobre ser mais natural. Pois embora se apregoe uma volta à natureza, também em alimentação e modo de vida, a mim me parece que nos sobra pouco espaço para coisas naturais.

Não acho que a gente deva voltar para a selva, vestir pele de bichos que acabamos de matar para nos defender, ou comer carne crua, não penso que se deva dormir na caverna em torno da fogueira. Mas de vez em quando parar para respirar fundo e analisar se é aquilo mesmo que queremos para nós e nossos filhos até o fim da vida, isso pode valer a pena e produzir alguma, ainda que diminuta, transformação.

•

Nós, esses contemporâneos, temos ao lado dos líderes bem-intencionados — os que escutam sua gente e buscam atender as suas necessidades — aqueles que visam o interesse próprio, fortuna e poder sempre maiores. Desânimo e desalento se instalam: expressões como *cansei, não adianta mesmo*, ocupam grande espaço em nosso vocabulário.

Não acho que tudo tenha piorado. Nunca fui saudosista. Prefiro a comunicação imediata pela internet a cartas que levavam meses. Gosto mais de trabalhar no computador do que de usar a velha máquina de escrever (que tinha lá seu charme). Nossa qualidade de vida melhorou em muitas coisas, mas — em muitas partes deste mundo — saúde, estradas, moradia, saneamento, universidades e escolas estão cada vez mais deterioradas, e uma parcela vasta da humanidade ainda vive em nível de miséria.

São as contradições inacreditáveis de um sistema onde cosmólogos investigam espaços insuspeitados, a cada dia trazendo revelações intrigantes que remetem a mais pesquisas, mas no qual ainda sofre e morre gente nos corredores de hospitais sobrecarregados, milhões de crianças morrem de fome, outros milhões nunca chegam à escola, ou brincam diante de barracos com barro que não é terra e água, mas água e esgoto.

Enquanto isso existir, seja onde for, somos grandes devedores de toda uma vasta fatia de desvalidos.

Se pareço repetitiva, é mais uma vez intencional. Retorno sempre a temas que me parecem urgentes, sobre os quais me interrogam mais vezes, sobre os quais eu mesma ainda tenho incertezas. Que envolvem antes de mais nada ética, moralidade, confiança. Decência: pois é neles que eu aposto, nos decentes que olham para o outro — que somos todos nós, do gari ao intelectual, da dona de casa à universitária, dos morenos aos louros de olhos azuis.

a riqueza do mundo | 17

Estudos recentes sobre história das culturas revelam dados sobre tempos em que a parceria predominou sobre a dominação: entre povos, entre grupos, entre pessoas. Em todos os tipos de relacionamento. O ser humano, que busca o amor, por outro lado anseia pela dominação, marcando as relações internacionais, a convivência entre gêneros, entre pessoas, criando a luta de classes e estimulando preconceitos.

Talvez fosse algo a pensar, e ambicionar, quem sabe construir, essa noção de parceria substituindo a dominação. Dirão que em outras eras o mundo era pequeno, aí tudo ficava fácil.

Respondo que hoje somos bilhões, mas os meios de comunicação estreitam o espaço e vencem o tempo. Pessoas queridas que moram em lugares distantes todo dia nos ensinam que longe pode ser perto.

É possível que em algumas décadas, ou mais (quem sabe da velocidade das coisas daqui a alguns dias ou horas?), a miscigenação será generalizada, superados os conflitos mais agudos, às vezes trágicos. Poucos poderão dizer: meus ascendentes eram africanos, alemães, japoneses, árabes ou italiano ou seja que nacionalidade for, porque teremos uma miscigenação densa de cores, formas. idiomas e culturas.

Origem, dinheiro ou tom de pele vão interessar menos do que caráter e lealdade, a produtividade e competência menos do que a visão de mundo e a abertura para o outro, a máquina importará tanto quanto o sonho, a hostilidade não vai esmagar a esperança, e não teremos de dominar o outro tentando construir uma civilização.

Vai predominar a família humana.

Não creio que seja impossível fazer melhor, com menos derramamento de sangue e desperdício de vidas, sem profanação de culturas nem guerras de preconceito. Como numa casa, ou numa família, em lugar de alfinetadas ou tapas metafóricos ou concretos, seria positivo empurrar pelo mesmo lado a grande pedra da vida.

Coisa de visionária ingênua?

Pode ser. Talvez seja tudo utopia. Mas podemos aprender a ser um pouco mais sábios e aplaudir os parceiros, os que se dão as mãos, não os instigadores de ódio e violência, nem os que ambicionam mais poder a qualquer custo, seja sob que pretexto ou bandeira for.

Parceria não vai nivelar, mas aproximar; parceria em lugar da dominação multiplicará dons e talentos, gerando entusiasmo em lugar de raiva e rancor. Haverá alguma justiça, todos terão oportunidades, e não será preciso enganar, torturar ou explorar alguém para se sair bem nessa batalha. Pois não vai mais ser uma batalha cruel, e sim uma busca conjunta de nos tornarmos uma humanidade melhor num planeta menos maltratado.

Vamos poder olhar o lado bom da vida em vez de cuspir no vizinho; tentar entender o patrão ou o pai em vez de confrontá-los cheios de suspeitas.

Nunca seremos anjos bocejando de tédio, mas seres menos imaturos, menos ignorantes. Menos raivosos porque mais firmes. O inseguro quer dominar o outro por

a riqueza do mundo | 19

medo. O homem que grita, pisa forte, é autoritário e desconsiderado em casa, a mulher que por ardis tenta controlar sua família, o filho que afronta os adultos esquecendo afeto e respeito, são inseguros. O povo ou país que precisa esmagar o outro não amadureceu: ainda é, mesmo que disfarçadamente, uma tribo primitiva.

Nós, homens e mulheres de hoje, temos muito a decifrar nessa nebulosa de desafios que nos envolve. De conflito em conflito, de falha em falha, mas aprendendo que ter esperança e trabalhar por ela. Esse é o nosso principal ofício.

(Não o mais fácil.)

2 | *Os meus olhos azuis*

À s vezes ser diferente dói: sei disso.

Quando menina, um grupo de crianças — nem louras nem de olhos azuis — me cercou no pátio da escola, e dançavam ao meu redor cantando: "alemão batata come queijo com barata".

Hoje acho graça: na hora não foi engraçado.

E eu nunca esqueci.

•

Em qualquer grupo (também entre duas pessoas) é preciso acertar passo e ritmo, seja entre iguais ou diferentes — o mesmo acontece entre povos, etnias e culturas, para controlar o medo do diferente que gera hostilidade.

O preconceito, filho dos nossos mais arcaicos temores e impulsos de sobrevivência, sempre existirá. Pode ser intenso em algumas pessoas, comunidades, países, pode ser abrandado pelo temperamento menos selva-

a riqueza do mundo | 21

gem, pela informação, por disposições dos próprios governos, ou por ideologia. Tudo nos forma e conforma.

Pode ser racionalizado e administrado, mas de um jeito ou de outro atinge raças, gordos e magros, baixinhos e muito altos, homossexuais, ricos e pobres, brilhantes e menos dotados, tímidos e populares, e os de religiões diversas.

(Por toda parte inventamos razões para isolar alguém.)

Um ímpeto ancestral de se proteger do estrangeiro distorce a visão e perturba o convívio, às vezes com violência e destruição, que pode ser da vida ou da personalidade, da fama, do trabalho. Somos predadores, querendo ou precisando demarcar território. Tatuados no flanco pelo homem primitivo que ainda respira em nós e de vez em quando abre um olho estranho, engraçado, ou ameaçador. Tudo coberto por camadas de civilização, seja o que for que isso significa, de forçada adaptação, de necessidade de convívio e busca de afeto e presença.

Portanto, em nossas raízes somos filhos do medo que eventualmente nos cega e nos leva a cometer atos dos quais, lúcidos, nos envergonharíamos. Não nascemos fraternos e abertos, mas assustados e fechados. Queremos nos proteger e refugiar no nosso clã, abrigados na nossa tribo, hostis aos de fora.

Isso provoca embates ou mal-entendidos geradores de perseguição explícita ou silenciosa injustiça.

Mulheres de burca podem ser terroristas disfarçados? Homens rezando numa mesquita planejam nos matar? Mexicanos querem nossos empregos? Hindus e iranianos também? Brancos nos desprezam, negros nos odeiam? Homossexuais homens ou mulheres despertam em nós receio de termos tendências parecidas, por isso os maltratamos, ainda que seja com um olhar, uma brincadeira desrespeitosa?

Um menininho de origem muçulmana nascido nos Estados Unidos pode ser objeto das maiores injustiças, visto como terrorista em potencial por pessoas assustadas ou desinformadas, ou de natureza mais agressiva — ou quem sabe vítimas de algum atentado que lhes roubou saúde, pessoas amadas, confiança?

Multiculturalismo é um dos termos da moda. Mas, embora disseminado e comentado, é difícil na sua concretude: exige mudança psíquica, e solução concreta para preocupações com espaço e emprego — que hoje, como nos tempos mais primitivos, significam sobrevivência.

Sentimentos de fraternidade, tolerância, o desarmamento da alma, não são naturais nem fáceis, e muitas forças os procuram antagonizar.

Há lugares onde a convivência acontece de maneira relativamente pacífica — as dores são antes as da alma do que as da violência física. Não sei qual delas dói mais. Acentuam-se em outras partes mais diferenças econômicas e intelectuais, o que se corrigirá na medida em que houver real vontade de quem lidera ou governa, menos desigualdade econômica, mais atenção para com os desvalidos, em suma, mais justiça.

a riqueza do mundo

Mas o preconceito pode ter efeitos mais cruéis, por ser maior o medo ou a desinformação, eventualmente a hostilidade instigada por líderes insensatos, ideologias tortas, crenças religiosas radicais.

Sobre esse fenômeno elaboram-se teorias, seminários se realizam, faz-se muito debate e discussão. Nunca vi chegar-se a alguma conclusão ou atitude realmente positiva e eficaz.

Parece longo e complicado o caminho para uma relativa harmonia entre nós, habitantes do planeta que em tantas coisas se moderniza, onde arte, ciência, tecnologia produzem maravilhas: o ser humano em alguns aspectos continua primitivo.

●

Participei de um grupo de escritores brasileiros de diferentes origens, convidados pelo governo de um país europeu para um seminário de alto nível sobre multiculturalismo. Entre os anfitriões havia antropólogos, sociólogos, pensadores, jornalistas, todos de alta qualidade; entre nós, artistas e intelectuais de descendência alemã, italiana, japonesa, açoriana, árabe e africana.

Formamos um bando divertido, ficamos amigos, participamos de vários debates. Trabalho intenso. Fomos elogiados, e também criticados: "Como é possível que raças diferentes convivam em relativa harmonia?", nos perguntavam apertando uns olhos ferozes de dúvida, como se estivéssemos apresentando uma ficção.

Foi difícil explicar, e até o fim, embora corteses, eu sentia que eles não nos entendiam, ou não acreditavam em nós, embora disséssemos que, sim, há diferenças, preconceito e eventual conflito, mas num nível menor, mais diluído, do que por lá.

Talvez pela extensão e diversidade do nosso território sejamos menos pressionados no convívio de várias etnias: muita terra, muita cidade, lugar para todos. Apesar dos problemas sérios de desigualdade social e injustiça, um país vasto e uma economia em expansão tendem a oferecer mais oportunidades.

Com ampla miscigenação desde o começo, índios, portugueses e depois negros, mais tarde colonizadores alemães e italianos, japoneses, poloneses, árabes e outros, formou-se uma massa humana rica, com todas as possíveis dificuldades que sempre existirão, mas colorida e interessante. Conflitada, sim, mas bem mais civilizada do que em países ditos civilizados.

Prefiro acreditar — quem sabe com a visão turvada pelo fato de ter nascido e viver aqui — que o nosso preconceito tem mais a ver com posição social do que com tom de pele e formato de olhos. A vida de um pobre branco não é necessariamente mais fácil do que a de um pobre negro. A existência em lugares remotos, longe da civilização, sem recursos como saúde, higiene, educação, moradia e comida, é cruel com qualquer gente.

Prefiro assumir — quem sabe enganada pelo meu otimismo — que estamos entre as nações mais abertas ao outro neste agitado mundo, em melhor situação

a riqueza do mundo | 25

nesse aspecto do que aquelas devastadas por duas guerras de indescritível crueldade, e bem antes disso, desde milênios, invadidas por povos bárbaros, suportando por longos períodos invasão, selvageria e opressão.

(Nesse caso é difícil entender que até hoje o diferente não seja visto de saída como inimigo.)

Eu quero um tempo e um lugar onde meus olhos azuis não me tornem objeto de imerecida suspeita. Pois eles, estes olhos, este cabelo, este nome, são o sangue das veias do país, como aquele que chegou pelos rios do acaso ou do destino da Europa, do Oriente, da África, não importa em que condições ou em que tempo. Pois todos, uns menos, outros com enorme sofrimento, enfrentaram dificuldades ou sucumbiram a elas, adaptaram-se a duras penas, sentiram solidão e estranhamento. Com sacrifício, energia, vontade e esperança, todos eles modelaram o barro que a cada dia ainda vai criando este país com menos fronteiras internas.

•

Alguém disse que "as verdadeiras fronteiras são as do pensamento". Referia-se a toda sorte de discriminação que tanta desgraça gera. A palestrante, vinda de um país longínquo, vitimada desde criança por um fanatismo brutal, ainda adolescente casada pelos pais, conseguiu fugir, e acabou uma figura admirada internacionalmente. Escreve livros, dá palestras, viaja muito — mas, jurada de morte por certos grupos em seu país de origem, só pode circular com forte segurança.

Eu observava aquela quase-menina tranquila, com idade para ser minha filha, que falava para um pequeno grupo. Pensei no quanto por qualquer bobagem nos fazemos de vítimas, enquanto essa jovem não apenas sobrevive, mas age e se afirma: sem desejo de vingança e sem o detestável espírito de mártir que produz ressentimento.

Cultivando esse espírito vitimal, promove-se o favorecimento de uns em detrimento de outros: velada ou clara injustiça, apenas outra forma de discriminação.

Todas as "bondades" dirigidas a alguma minoria, seja de gênero, raça, condição social, realçam o fato de que estão em desvantagem, que são incapazes, que precisam desse destaque especial porque não chegaram no desejado patamar de autonomia e dignidade. Ou que precisam, por incompetentes, de um empurrão para avançar.

Nós, sujeitos de nosso tempo, obcecados por sucesso e competência, podíamos olhar de modo mais positivo as diferenças: para que não separem, mas completem e complementem, e nos tornem mais interessados do que agressivos, mais criadores do que desconfiados, antes estimulando do que empurrando.

Nesse contexto, e em outros, o chamado "politicamente correto" pode ser incorreto, perigoso e hipócrita.

Assim, hesitamos em usar o termo "negro": teria de ser afrodescendente. Mas podemos usar "negritude"? E nem todos os negros do país vieram da África, alguns vieram do Haiti. Também me sugerem que eu não use a

a riqueza do mundo | 27

palavra "raça" mas etnia, com razões hoje cientifica-mente provadas. Então também não devemos usar "racismo"? Pois em linguagem — língua é sistema — devemos ser coerentes. Como proceder? Possivelmente tentando ser naturais, em lugar de estimular preconcei-to e acentuar diferença. Usando palavras com simplici-dade, não cheios de dedos como se fossem armas.

Palavras são armas quando queremos, e aí não importa quais sejam: elas sempre podem ferir.

Eu, que lido com elas por profissão e as emprego para exercer a minha arte, gostaria de ver preservada a máxima liberdade possível nesse território. Ele é a um tempo meu quintal, minha oficina, e meu paraíso.

Quero poder sonhar com o dia em que não importa-rão cor e formato de olhos, tom de pele, sotaque e cren-ças: importará o valor humano, a integração e possível harmonia entre todos os que vivem, sofrem, morrem neste múltiplo e mutante planeta nosso.

Nesse dia, meus olhos, azuis como os de um de meus filhos, e os olhos escuros dos outros dois, assim como os oblíquos dos japoneses e os olhos pretos dos árabes, indicarão apenas que todos fazemos parte de algo maior do que raça, etnia ou seja lá o vocábulo esco-lhido: somos a família humana.

3 | *Duas justiças e um diabinho no ombro*

J unto com notícias (eufóricas ou alarmantes) sobre a economia do planeta, o habitual rio de desgraça chega pelos jornais e tevês: política e polícia, mediocridade geral e alienação particular, todo o drama humano — não insolúvel mas nunca resolvido.

Na televisão de minha sala, notícias da miséria absoluta, em meu país ou outro: uma mãe de vinte anos, cara de anciã, menos de um metro e meio, bando de filhos mirrados, segura o bebê — único que sorri, vagamente. Indagada sobre o que tem em casa para lhes dar de comer, responde com simplicidade olhando para o jornalista:

— Hoje a gente tem uma panela com água e sal.

Fala quase num tom de quem pede desculpas — a panela aparece, realmente fumega no fogãozinho de pedras dentro do casebre.

Logo depois, crianças comendo nos lixões, mais famílias minúsculas por desnutridas, um menino esquelético de belíssimos olhos escuros se diz cansado de car-

a riqueza do mundo | 29

regar água ladeira acima — baldes de água leitosa tirada de uma poça barrenta.

Em outro canal ainda, na mesma manhã, três crianças, de cinco, sete e oito anos, três lindas menininhas, enchem pequenos baldes com areia. Não estão brincando, diz seu irmão de uns doze anos, estão "trabalhando". Ajudam a família carregando areia morro acima — a prefeitura do seu vilarejo paga por isso.

Não importa em que lugar for, é sempre perto. Essa desvalida gente não pensa em crise: do nascimento à morte, sua vida é uma crise, uma escuridão de fundo de poço. Para eles, a bolsa que conta é a bolsa vazia e a falta de sentido para tudo. Conta a dor da barriga sem comida, e a da alma sem esperança.

Alguém que viu as mesmas notícias protesta:

— Não é justo! Com tanto dinheiro circulando, ainda existem situações assim, multiplicadas em milhares, milhões que morrem de fome e sede ao nosso redor, não importa se perto ou longe?

Respondo como um Pilatos fora de seu tempo:

— Mas quem disse que a justiça existe?

Falou o diabinho da descrença pousado no meu ombro, que não admiro nem alimento, mas se instala ali quando penso no que estamos fazendo com nosso planeta: e não falo primeiramente do ambiente, mas dos seres humanos, que, antes de prejudicar a natureza, destroem uns aos outros. Ou permitem, por omissão, até crueldade, que outros sejam destruídos pela falta de assistência ou interesse, ainda que todos saibam que isso existe, sim, acontece sim, às vezes não tão longe de nós.

Não acredito em grandes mudanças neste tempo de ideologias confusas ou sem ideologias, onde predominam o engano e a corrupção, em que boa parte do que conhecíamos desabou. É um tempo de cabeças loucas mas desinteressantes, em que a gente muda de orientação ou de ideal como quem compra um celular novinho. Ideal?, dirão os mais céticos. Não seja tão otimista. Mas eu acredito em transformação individual. Coisa de formiguinha.

Vão me julgar individualista, porém eu apenas acredito em cada um tentar fazer a sua pequena parte. Se alguém pagar à sua empregada o melhor que pode, em vez de dar o mínimo que a lei exige, alguma coisa já mudou. Se em vez de ambicionar ter e aparecer, sobretudo vencer, pensarmos em alegria e afetos; se abrirmos algum espaço para o bom e o belo; se conseguirmos ser menos cegos e mais solidários — quem sabe a gente comece a cair na real e ajeitar a ordem do mundo que anda tão desarrumado.

Passaremos a pensar de verdade em justiça social: não mais em discursos hostis e gestos largos, mas em outros termos, que talvez ainda estejam por ser descobertos ou inventados, mais possíveis, mais pacíficos, mais realistas. Menos dilacerados nas contradições de nosso tempo, que, eu acho, foram as de todos os tempos humanos mas deram para piorar. Abrem-se cada dia mais as contradições: se de um lado temos escassez, ignorância, doença, abandono e miséria, de outro nos afogamos sob a avalanche de informações, e nos angustia o consumismo desenfreado.

a riqueza do mundo 31

Mil oportunidades abrem suas bocas famintas sobretudo para os mais despreparados, como os muito jovens — e é fraca a autoridade que temos para os orientar.

Um pai de aluno diz estar preocupado com esses "excessos de possibilidades que se oferecem aos nossos filhos" — e tem razão. É quase tão preocupante quanto a vasta miséria. Menos doloroso.

A desigualdade sempre vai existir, pois não somos bonecos feitos em série: haverá os menos talentosos, os mais inteligentes, os mais enérgicos e os menos capazes. Os tipos de governo, benfazejos ou destruidores.

Mas não precisariam existir os totalmente abandonados ao lado daqueles que não sabem o que fazer com sua fortuna, e bocejam de tédio. Não precisaria haver orçamentos fantásticos para armamento e guerra, quando pessoas morrem em hospitais de campanha ou nos corredores dos hospitais das cidades, uns feridos por guerras insensatas, outros simplesmente adoecendo e morrendo aos magotes porque ninguém se importa com eles. Ou não quer gastar com eles sua imensa riqueza. Os bilhões e trilhões vão para fins mais lucrativos.

E o diabinho do desalento se instala mais confortavelmente no meu ombro.

(Ele ronrona de satisfação.)

•

Passo da justiça social, dos dramas da desigualdade e alienação, para a outra senhora Justiça, a justiça legal.

Na minha infância ela existia sobre a escrivaninha de meu pai, advogado, uma estatueta em prata, olhos vendados, balança na mão.

Eu era muito pequena. Passava o dedo nas diminutas roupas de metal, perguntava mais uma vez por que ela estava vendada, e imaginava como seria vê-la solta, não de prata mas de carne e panos, organizando a vida, controlando o crime, ajudando os bons. (Para mim, naquele tempo, o mundo ainda se dividia entre bons e maus.)

"Sem a venda nos olhos, ela tem de enxergar", eu teimava com meu pai. "E se enxergar, ela vai arrumar o mundo."

Era um tempo de ilusões necessárias.

A insegurança e quase incontrolável violência por toda parte são frutos da cegueira dos homens, não dos olhos vendados de uma justiça aleatória, inventada, promovida e executada por seres humanos que permitem ou promovem narcotráfico, terrorismo, criminalidade desenfreada, ou a miúda bandidagem em cada esquina.

Pior que isso: a criminalidade contamina a nossa parte mais frágil, a juventude. Quase-crianças roubando, matando, e dando risada — por drogados, ou porque sua alma é de metal como essa estatueta antiga.

Enquanto se noticia que em algum lugar uma fêmea de gorila salva um menino de três anos que caiu na jaula, aqui uma turma de adolescentes praticamente esquartejou uma criança de seis anos, arrastando-a de carro como não fariam com um cachorro vadio. Segun-

a riqueza do mundo | 33

do a polícia, portaram-se com indiferença, seguros de uma punição mínima para tão horrendo crime.

No mesmo tempo acompanhei obsessivamente o caso da menininha de cinco anos brutalmente maltratada, espancada, jogada no chão, esganada, e finalmente atirada pela janela como um gato morto. Corrijo: ninguém de nós jogaria pela janela um gato morto. Quem sabe um rato: se encontrasse um rato morto em minha casa, eu o pegaria pela ponta do rabo e jogaria pela janela. (A minha também fica num sexto andar.) Seria, além disso, mal-educado: não se jogam coisas pela janela de apartamentos.

(Nem menininhas, mortas ou vivas.)

Alguém a espancou, atirou no chão, talvez lhe quebrando ossinhos da bacia, e a esganou por três minutos. O termo "esganar" é meio antigo: como será, apertar por três minutos o pescoço de uma criança de cinco anos?

É difícil entender o tempo de agonia e dor de três minutos. Quem faz fisioterapia eventualmente é instruído: contraia esse músculo por vinte segundos. Tentem contar os cento e oitenta segundos que compõem três minutos de pavor.

Quem cometeu essa bestialidade, terá seu merecido castigo neste país das impunidades e das leis atrasadas, descumpridas ou cada vez mais frouxas? Ou nossas leis vão ser realistas, contundentes, exatas, e levadas a sério, portanto haverá mais justiça? Eu quero pelo menos prisão perpétua sem misericórdia para os crimes hediondos. E que mesmo os ditos menores de idade, que às vezes são os maiores no crime, tenham penas de adultos — pois como adultos mataram.

A criança, cujas fotos mostram um inocente sorriso, atirada no jardim de seu edifício, ainda viva, ficou ali por muito mais que três minutos. Imagino sua alminha atônita e assombrada, no escuro. Ainda presa no corpo, ainda presente.

Na angústia que esse caso provoca, porque ela poderia ser nossa criança sobre todas as coisas amada, o que mais me atormenta é a sua solidão. Não a vi, em nenhum momento, abraçada, levada no colo por alguém desesperado que tentasse lhe devolver a vida que se esvaía, que a cobrisse de beijos, que a regasse de lágrimas, que a carregasse por aí gritando em agonia e pedindo ajuda. O que teria feito a pobre mãe, se estivesse presente.

Estava ali deitada, a criança indefesa, como um bicho atropelado com o qual ninguém sabe o que fazer. Na nossa sociedade, onde as sombras mais escuras do nosso lado animal andam vivas e ativas, lá ficou, por um tempo interminável, caída, quebrada, arrebentada, e viva, a menina quase morta.

Sozinha.

E isso nenhuma lei, por mais dura e severa, por mais bem cumprida que seja, pode apagar da nossa memória. É preciso aproveitar a alavanca da nossa indignação — e medo — para reivindicar (apesar de tudo, sejamos otimistas) providências imediatas.

Sem esperar com muita certeza que sejam executadas.

a riqueza do mundo | 35

Uma política que leve isso tudo a sério precisa urgentemente reformular leis desatualizadas e aplicar com rigor as existentes. Policiais bem treinados, muito bem armados e bem pagos serão menos vítimas da corrupção ou do desalento.

Dirão, "não há recursos", argumento que deveria envergonhar quem o pronuncia. E, ficcionalmente sem recursos, a Dama Justiça há de tremer de indignação se espiar por baixo daquela venda: leis descumpridas com a maior naturalidade, presos que receberam penas leves (uma mulher roubou uma galinha, um homem pegou um pote de margarina, outro comeu um pãozinho) — mas são amontoados feito lixo humano em lugares onde não botaríamos porcos.

Criminosos graves vivendo ali com benesses e condições de tramar crimes lá fora, criminosos graves em regime semiaberto que simplesmente vão passear ou cometer novos crimes; indultos e saídas em dia das Mães, Natal e outros, mesmo sendo notório que boa parte não vai voltar, vão cometer novos crimes, pois é o que sabem fazer.

Pululam projetos inconsistentes para que tudo melhore; fazem-se em torno disso grandes discursos nos parlamentos, movem-se toneladas de papel; vicejam teorias, cultivam-se desculpas. Não há tempo para teorizar mais. Todos nos sentimos ameaçados. Todos evitamos sair de casa desacompanhados, os que podem só andam de carro blindado, suas casas são fortalezas, nós comuns mortais pagamos segurança, guardas, cerca elétrica, ou voltamos correndo para casa depois do trabalho, sem ter certeza de que ali estaremos salvos.

Somos uma sociedade amedrontada, e com razão, por ameaçada concretamente. Sem linha clara de pensamento, conduta coerente e coragem de parte das autoridades, sem vontade de reduzir o crime, nada vai mudar. Alguns políticos e governantes heroicos vão à luta e procuram mudar a situação, mas — surpresa, surpresa — são criticados. O exército ocupa favelas, parece destruir o poder dos traficantes — por quanto tempo? Onde se refugiaram, de onde vão continuar mandando, enquanto houver milhões de usuários comprando sua mortal mercadoria?

Tirem de cena os velhos projetos jamais votados, as teorias abstrusas e os políticos interesseiros, recusem continuar na hipocrisia, e botem no centro desse palco o chamado povo brasileiro: eu, tu, nós, vós, eles — os que tentamos sobreviver nesta selva, enquanto grupos, organizações não governamentais e de direitos humanos respeitabilíssimos procuram atenuar o horror com discursos importantes e chamados à compaixão, nem sempre eficientes, nem sempre adequados.

Reunir-se em solidariedade a familiares de criminosos é bonito, mas — sinto muito — não basta. Fazer o mesmo com famílias de vítimas, passeatas, faixas e aplausos ao caixão que baixa na cova são testemunhos de humanidade, mas também não bastam.

a riqueza do mundo | 37

Entre as mudanças urgentes em nossa legislação, sou a favor da redução da idade em que o jovem é considerado consciente de seus atos. Drogados ou lúcidos, os meninos começam a roubar e matar, às vezes com requintes de crueldade, aos doze anos — pouco mais, pouco menos: se apanhados, nem todos poderão ser reintegrados na sociedade. Voltarão para novos crimes.

Acredito firmemente que é preciso reduzir a idade em que alguém pode ser legalmente responsável por seus atos.

Recentemente, aqui perto, um menino de quinze anos confessou na maior frieza o assassinato de dezessete pessoas. Quinze deles já foram confirmados.

"Matei, sim."

Talvez tenha acrescentado num dar de ombros:

"E daí?"

Quinze dos crimes foram comprovados. Se não houver alguma grave interferência, ele sairá em breve, para matar.

Por ser menor de idade, como tantos assassinos iguais a ele, foi para uma dessas instituições de ressocialização nas quais não acredito. Logo estará livre para reiniciar com alegria sua atividade de assassino psicopata.

E se perguntarem a razão, talvez diga como outro criminoso, quase uma criança, que assaltou um amigo meu, e repetia, "vou te matar". Meu amigo perguntou por quê, e o menino respondeu com simplicidade: "Nada. Hoje saí a fim de matar alguém".

Muitos desses assassinos quase crianças são totalmente amorais, são dementes. Não se deveria romantizar esse contexto brutal e real. Não há esperança de cura ou reeducação. Devem ser afastados da sociedade, realizando trabalhos físicos produtivos em oficinas e lavouras, como deveriam todos os presos adultos, para ao menos minimamente compensar uma sociedade a quem roubaram vidas e bens, e que os sustenta.

Quando em outros países a idade mínima é de catorze anos, doze, e até menos, aqui, aos dezesseis podemos mudar o país através do voto, mas se estupramos, matamos, roubamos, até os dezoito pegamos uma leve — e breve — pena em uma instituição que (com raras exceções) reeduca os passíveis de melhoria, e deixa os psicopatas mais loucos.

Como nós, sociedade moderna, produzimos esse e outros dramas morais? Acusa-se pela criminalidade juvenil a família, que às vezes é apenas outra vítima, ou "a sociedade", conceito vago que isenta de uma ação enérgica os governos, enquanto se multiplicam os dramas, aumentam as tragédias, vítimas e criminosos deixando famílias destroçadas dos dois lados, sem solução à vista, além de teorias, livros e seminários com discursos pomposos mas pouco eficazes.

Pouca é a vontade de realizar uma mudança, que deveria começar com a educação em suas bases, mas o

a riqueza do mundo | 39

dinheiro e esforço dedicado a isso são irrisórios dentro do orçamento do país.

Além do mais, nada adiantará se não cumprirmos o que deve estar em qualquer constituição: que a todo ser humano seja garantido tratamento digno e decente. Isso inclui as possíveis vítimas, que mereceriam uma sociedade menos violenta e autoridades mais eficazes, e de outro lado os criminosos, que deveriam ser submetidos a leis mais firmes, e colocados — se for o caso — em prisões decentes onde possam trabalhar, produzir para seu próprio sustento e, quem sabe, aqui e ali, realmente voltar à sociedade regenerados, com nova oportunidade de mostrar isso.

Sou mais crédula do que cética, o que nem sempre é bom. Quando menina, me disseram que se a gente cavasse fundo no jardim, esse poço daria no Japão, onde as pessoas andavam de cabeça para baixo (para eles, de pernas para o ar estaríamos nós).

Adulta, descobri que a vida tem outros poços, nem todos divertidos. Um deles parece não ter fim: o poço dos escândalos nossos de cada dia, o poço da nossa desolação e dos nossos enganos. Do desinteresse e da má vontade. E aí nem leis nem tribunais supremos ou mínimos nos ajudarão, se ficarem apenas na letra escrita ou submetidos a joguinhos de poder.

O poço tem fundo: o diabinho no meu ombro espia seu reflexo nele, para ver se não haverá alguma luz que o afugente. Resta descobrir quanto tempo se leva para chegar nesse fundo, e se, em lá chegando, descobriremos que a Senhora Justiça era apenas um mito, que talvez tenha suas razões para não tirar a venda e finalmente olhar para nós, que não usamos um pano diante dos olhos, mas enrolamos a alma numa cortina escura: ver para quê, nesse teatro de iniquidades?

O diabinho rosna então uma das melhores frases sobre o assunto.

"A lei nem sempre garante a justiça."

4 | As santas mulheres (e os homens que as maltratam)

Todo relacionamento é uma aventura a dois. (Pode ser uma doença a dois.)

Toda sociedade tem sua dose de cretinos. (Alguns deles estão ao nosso lado, outros são líderes que deviam orientar e facilitar a nossa existência.)

Toda sociedade tem sua dose de falsas santas, como as mulheres que sabem das cretinices dos maridos e continuam se sacrificando, sofrendo, talvez odiando em segredo.

"Minha mulher é uma santa", dizem os puladores de cerca desde o tempo das cavernas. E se ela estiver por perto, ainda lhe dão um beijo na testa.

Mulheres que "perdoaram" o marido continuando com ele — a não ser quando há um recíproco e real desejo de refazer a relação — têm no olhar uma tristeza como de viuvez que não se apaga. O parceiro, confiante na impunidade, já ocupado em novas aventuras, nem se dá conta disso. A mulher segue em frente, remoendo

a riqueza do mundo | 43

sabe lá que dúvidas, passando sabe lá que valores aos filhos, e que modelo para as filhas.

A mãe-vítima é um peso do qual dificilmente nos libertaremos.

Quando esse drama vem a público, às vezes com mulheres parecendo firmes e protetoras, avalistas da moral daquele que enxovalhou amor, confiança e família (mas por apego a cargo ou poder bate no peito), assistimos talvez ao último degrau na descida ao inferno pessoal feminino.

Todo o esforço para que em nossa cultura a mulher se valorize anulava-se no rosto devastado junto a um atrapalhado Don Juan em algum lugar do mundo, exposto nas televisões como campeão de hipocrisia: como político, fazia do combate à prostituição sua bandeira, mas era freguês de caderno de um caríssimo clube de solícitas moças.

Nem o nome ele precisava dar: era o Cliente Número Nove.

Flagrado, pediu desculpas no ar, prometeu se comportar, como o moleque que roubou maçãs do quintal da vizinha.

Por que mulheres dignas, por vezes profissionais, economicamente independentes, respeitadas, se submetem a esse opróbrio? Medo da solidão ou o estribilho, ainda que inconsciente, "sou infeliz, mas tenho marido"?

Aí a gente fecha um olho e fica desgraçada para sempre?

Há quem, sabendo-se traída, argumente curto e grosso: "Agora tenho sossego na cama!". Ou: "Eu me vingo gastando os tubos!".

No silêncio de seu quarto, ou da cozinha onde vai continuar a preparar os pratos preferidos do bem-amado, essa mulher vai acumular um Everest de mágoas, quem sabe dizendo que é pelo bem dos filhos — como se eles exigissem ou aprovassem tal sacrifício. O quadro lembra situações de tempos há muito passados — mas tão presentes ainda, pois as emoções não se modernizam.

Muitas mulheres vão acabar vítimas concretas de um tiro, facada, estrangulamento.

Porque às vezes nossos homens não só nos maltratam: eles nos matam.

A esta altura se matam no Brasil cerca de dez a doze mulheres por dia. Não morte por assalto ou acidente de carro: assassinato na mão do parceiro. Também cresceu em noventa por cento o número de mulheres que finalmente criam coragem e pedem socorro, no país inteiro, nas delegacias da Mulher ou grupos afins. Porém esses locais muitas vezes são insuficientes ou mal equipados, faltam funcionários, psicólogos, médicos, juízes, computadores. Com a demora em se tomarem providências, o assassino tem tempo de planejar, elaborar e finalmente executar seu pavoroso crime.

Muito assassinato de mulher começa devagar, com violência eventual e insultos que talvez ninguém leve muito a sério. Dirão até "os homens são assim mesmo,

a riqueza do mundo | 45

por qualquer coisa ficam nervosos". Ou: "Mas ele não te deixa faltar nada" — significando trapos para se cobrir, casa para morar, restos para comer temperados com lágrimas e solidão.

•

Não tenho a menor tolerância com a figura do pai e marido boçal que usa o estresse no trabalho como desculpa para gritar ou distribuir bofetões em casa. Nunca vi ou escutei realmente um homem batendo numa mulher. Mas histórias a respeito, ah, muitas pululavam em comentários dos adultos, e nas minhas fantasias de criança com excesso de imaginação, que aumentava encantos e pavores.

Ainda menina, ouvi relatos sobre o homem que regularmente se embebedava e batia na mulher, os dois já de cabelos brancos. Os vizinhos incomodados reclamavam, mas todos tinham medo dele, e afinal "a gente não quer se meter". Os filhos adolescentes do casal se refugiavam no fundo do pátio, os menorzinhos choravam. Até que um dia um dos rapazes, crescido, se meteu entre os dois velhos e disse: "Na minha mãe você não bate mais. Ou eu te bato também".

Minha memória me diz que o rapaz foi expulso de casa, e nunca mais o viram. A mãe, que não foi assassinada pelo seu homem mas há muito não vivia de verdade, recebeu disfarçados parabéns quando, tempo depois, o velho cruel morreu. Alguns comentaram que apesar de tudo ela até parecia triste, "porque mulheres são assim".

Por que uma mulher aceita apanhar do parceiro ou ser humilhada por ele, controlada, ironizada; por que admite ser tratada com grosseria pelo filho homem? O que leva uma jovenzinha a admitir, no começo de uma relação, maus-tratos de parte do homem que talvez imagine como futuro pai de seus filhos? Ou que aflição a leva a esse tipo de envolvimento que liquida com sua dignidade e esperança de alegria?

O que deixou em nós, as remanescentes das cavernas, essa marca feia e triste, essa deformidade que cola com a deformidade do ex-troglodita brutal, às vezes assassino?

Para haver um opressor, dizemos, é preciso haver um oprimido. A mulher-vítima é quem dá coragem ao truculento. O jogo sadomasoquista só funciona quando há dois parceiros. Por que tantas vezes essa parceria mortal?

As famílias nem sempre ajudam; amigos não querem interferir; a lei é vaga ou descumprida. A sociedade omissa desvia o rosto. Os filhos sofrem e às vezes, marcados por esse quadro, vão repetir em sua vida futura a mesma violência.

A maioria dos relacionamentos não é cruel, não tortura, não mata. A maioria das pessoas só quer ter paz, trabalhar, pagar suas contas, cuidar da família — marido, mulher, filhos, velhos pais. A maior parte dos homens

a riqueza do mundo

não é psicopata ou boçal. Não se alegra na dor da parceira, ou dos filhos, não precisa lhes bater com palavras, atitudes ou punho fechado para se sentir mais homem.

A maioria das pessoas é apenas uma pessoa: que sente medo, quer carinho, precisa de esperança — ou chora sozinha no escuro.

5 | A *política e a estrutura da gelatina*

A política é uma dama geniosa. Pode ter muitas caras, vestir muitas roupagens, ter vários comportamentos contraditórios. Às vezes exalta alguém, outras o destrói, em geral sem muita lógica.

Pode ser uma união de reais aliados, ou uma dança de traições.

Passeia com seus véus agitados ao vento da alienação ou da convicção, semeando suspeita ou alegria, numa das mãos a sua caixinha de enigmas.

Seu fundamento, sua função, seria organizar a sociedade, dar-lhe líderes e governantes para que criasse leis de convívio e as fiscalizasse. Numa verdadeira democracia, a política serviria para que o povo se autogovernasse através de seus representantes eleitos.

Não é o que por toda parte se vê.

Em alguns países, em alguns momentos, ela se deteriorou de tal forma que suas damas de companhia se chamam anarquia, ditadura, cinismo ou humilhação do outro. Em outros lugares e fases, os desvios da sua fun-

a riqueza do mundo | 49

ção são menores, ou menos evidentes. (Perfeito ninguém é.) Um povo mais informado, portanto mais forte (a base dessa força sendo a educação), vai escolher melhor seus líderes. A democracia vai lhes abrindo os olhos: cada eleição é uma vitória.

Depois dela, seja como e onde for, misturam-se no povo e nos candidatos, vencedores e derrotados, euforia ou frustração. Inconformidade em alguns casos: políticos que realmente trabalharam pela sua gente dando o melhor de si, realizando o que não se fazia em décadas, em troca são rejeitados. (Vendem-se votos e almas com facilidade.)

Os eleitores vitoriosos com os candidatos de sua predileção e confiança, o que significa uma plena democracia, o povo se governando (naturalmente imagina-se que não com voto vendido e comprado), celebram. Conseguiram colocar nos postos-chave pessoas em quem confiam, a quem entregam parte de seu destino, de quem sabem que são honrados, interessados, dedicados a algo mais do que poder e vantagens.

Os mais céticos dizem: "Nada vai mudar, não importa quem vence". Sou dos que, embora não muito otimista nesse campo, não pensam assim. Um governo competente faz muita diferença; representantes corruptos fazem muita diferença; interesse pelo seu povo faz muita diferença. Mas isso tudo quem decide é o povo, democraticamente, nos países onde passeia e impera a Dama Democracia.

O que podemos pedir a essa senhora?

Que despossuídos e privilegiados, descendentes de todas as etnias e ocupando todas as posições sociais, dos mais variados níveis culturais ou econômicos, recebam a mesma atenção e respeito: todos juntos construíram e mantêm o seu país.

Que se possa confiar nas instituições, que os jogos de poder sejam desmascarados.

Que sejam banidas quaisquer ameaças à liberdade, começando pela da imprensa, esteio de qualquer democracia, expressão livre do pensamento para todos, do padeiro ao senador.

Mas parte da política (isto é, dos políticos) que se vê produz algo que tem mais a ver com a estrutura da gelatina do que com solidez e confiabilidade: falta espinha dorsal, faltam limites, faltam consistência e coerência. Falta firmeza de vontade. Tudo escorre para todos os lados, quase tudo se deixa manipular, e se adapta às situações mais bizarras.

Mais uma vez, há os que dizem: Isso é normal, é assim mesmo, as coisas são assim.

Eu de novo discordo. Não é normal que seja assim, como não é "normal" que amantes se traiam, pais sejam omissos, filhos distantes, autoridades fracas, velhos cobradores ou abandonados, e todo o cortejo de tristezas num país em que a política expõe autoridades que não servem de modelo e apoio.

Nós os elegemos e pagamos — coisa que nosso lado submisso e servil costuma esquecer. A política no mais

a riqueza do mundo | 51

alto sentido, a que deve organizar a sociedade, regular o convívio dos indivíduos, sustentar leis e regras, amparar crianças, doentes e velhos, estimular os moços, recompensar os adultos, abrir espaços e esperanças, essa política é aquela pela qual ainda esperamos. Enquanto isso, vivemos sob o signo — não generalizado mas frequente — do que chamo política da gelatina, onde para tudo há espaço, tudo é permitido, tudo se busca — menos o bem do povo.

A que de verdade serve ao bem do povo, a que abriga homens corretos, a que oferece modelos à juventude, e esperança a todos — essa é rara e difícil.

•

O jogo de interesses numa política da gelatina é inimaginável: gente dita honrada se vende por algumas bondades (ou malas de dinheiro). Ou ilusões. Os conchavos mais estranhos se formam e desfazem num abrir e fechar de olhos, partidos se dividem e metade segue um rumo, metade segue outro, mas permanecem todos abrigados na sigla. Portanto, não há mais política e partidos, nem mesmo adversários ferrenhos, porém uma mistura que treme, treme, inconsistente e mutável, e escorregadia.

Nesse contexto, tudo serve, tudo funciona, todos se casam com todos, gerando estranhos filhotes batizados com nomes disparatados, multiplicando partidos que por sua vez vão se acasalar selvagemente, produzindo

52 | *Iya luft*

mais monstrinhos. Nós, desorientados ou desiludidos, também escorregamos.

Já relatei a saga de um conhecido que, quando eu era menina, mudou de partido — uma vez em sua vida — era deputado — porque no novo partido conseguiu um considerável, inestimável benefício para a sua comunidade. Nunca mais confiaram nele inteiramente: era um vira-casaca. Naquele tempo, lealdade, integridade eram moeda mais corrente do que hoje, traições ainda eram criticadas.

Lealdade era questão de vida ou morte. Primeiro, porque não havia mais que uns três ou quatro partidos; segundo, porque existia algo raro hoje em dia. Chamava-se honra. Havia uma estrutura moral e uma ideologia por trás das atitudes pessoais e públicas. Mudar, até mesmo de escola, não era comum. Não creio que isso significasse mais liberdade: a gente confiava nas instituições e nas pessoas que tinham autoridade.

Pois havia autoridade.

Era rígido?

Era. Mas havia um sentimento geral de confiança, de significados e limites, que se perdeu.

Eu queria ter preservado em mim a imagem dos homens públicos como uma estirpe quase nobre, em cargos solenes, que lutariam pelo país ou por sua comunidade, por nós todos, buscando o bem dos que neles confiaram. Em caso de dúvida ou perplexidade, a gente olharia para eles e saberia como agir. Mas, como de um

a riqueza do mundo | 53

lado nos tornamos mais abertamente corruptos e de outro estamos mais condescendentes, instalou-se entre nós uma epidemia moral. Se fomos criados acreditando que o importante não é ter poder, mas ser uma pessoa honrada, estamos mal-arranjados.

Não entendemos esse tipo de mundo, nem sabemos jogar segundo tão desregradas regras.

Pois, na vida pública, não malbaratar o dinheiro, não fazer jogos de poder ilícitos, não participar das tramas, ficar fora da dança dos rabos presos em que todos se protegem, virou quase uma excentricidade.

Essa gelatinosa estrutura contamina os negócios, as relações de amor ou parceria no trabalho: espalha-se uma embriaguez que nos faz enxergar liberdade como deslimite, e a impunidade produz uma falsa onipotência na qual tudo parece (muitas vezes é) permitido.

Não sou do tipo nostálgico. Coisas que passaram e pessoas que perdi estão comigo, nas belas memórias e no sustento emocional que ainda me dão. Cansei de dizer que uma infância amorosa e ordenada (não uma infância rica, privilegiada) é o chão pelo qual caminharemos até a velhice.

Nossa aventura existencial, enquanto povo e enquanto indivíduos, terá mais ou menos chances, na medida em que esse solo for confiável.

Para que a gente tenha o que agarrar, saiba o que pensar, enxergue como escolher, e possa trilhar um caminho sólido, não escorregando num chão volátil que treme como a nossa certeza, se derrete como os nossos sonhos e se arrasta como a nossa cansada esperança de que a Senhora Política se transforme de uma dama duvidosa numa entidade confiável.

Algo superior, que organize nossa vida, ampare nossos passos, oriente nossas esperanças, e de que a gente não precise se envergonhar.

6 | *Liberdade com preço*

Os sustos da vida e a certeza da morte — com todas as suas incertezas —, a batalha por um espaço, a divisão entre o corpo e o sonho nos levam a inventar saídas e buscar significados. Com tantos erros e acertos que frequentemente não sabemos mais quem somos, onde estamos, o que buscamos.

Queremos um sentido para a nossa existência, e liberdade para existir conforme nossas possibilidades e sonhos.

Liberdade tornou-se um termo muito alardeado: nem bem definido, nem muito bem executado. Neste chamado mundo moderno, porém, liberdade é gêmea do deslimite, e pode nos atordoar se nos defrontarmos com ela. Pois, ansiosos, muitas vezes desinformados, não tendo nem ao menos refletido sobre isso que queremos alcançar, corremos sempre atrás de mais horizontes, como se todos eles fossem promissores.

Não entendemos, na euforia de crianças soltas num grande parque, que liberdade pode virar servidão, como

a riqueza do mundo | 57

a felicidade, obrigatória, vira angústia: temos de ser livres, temos de ser felizes (ou ao menos aparentar isso).

E podemos nos perder nessa dança, sobretudo quando o tempo entra no frenético ritmo atual.

O tempo é uma invenção nossa para marcar nossas atividades, nesse lapso entre nascimento e morte. Porém a multiplicação de fenômenos, ofertas e ameaças, as constantes extraordinárias mudanças mostram que essa nossa invenção se perturbou, dispara loucamente, o planeta girando depressa demais para o nosso entendimento.

Novidades jorram pelas veias da sociedade humana como drogas alucinógenas, provocando tumulto. Às vezes, doença: adoecemos da vertigem, da aflição das escolhas, e na diluição dos valores (que valores?).

Queremos alguma segurança, então apelamos para a enorme variedade de "ajudas" e "caminhos" que se oferecem em cada esquina. Místicas ou pseudocientíficas, elas vão ocupando o lugar vago da religião antes indiscutível, dos padrões morais rígidos (ainda que tantas vezes hipócritas) que eram válidos durante longos períodos, no espaço reduzido que o mundo parecia ter décadas atrás. Toda a vida, trabalho, pensamento, relações afetivas, vida pública eram ordenados por regras que nos dispensavam de algumas das angústias de agora.

Acabou o tempo em que o tempo parecia estacionado e as regras estabilizadas sem discussão. De repente, tudo pode ser questionado, o que para uns é positivo, para outros é esmagador.

Novos tipos de relacionamentos, novas convenções, novos trabalhos e novos campos de pesquisa, novas leis, novos preconceitos (desses não nos livramos...) se oferecem.

Fala-se até em novas famílias, muitos já as experimentam. O tempo dirá quais os resultados. Qual o limite da inovação e da exploração desses novos horizontes? Quanto de preconceito teremos de vencer para as novas situações se equilibrarem?

Para abrandar essas aflições, temos à disposição, no sistema de "pronto para servir", incontáveis remédios. Os que para um parecem tolos, para outros são eficazes; pode haver os mais honrados e os mais falseados. Quem vai nos ajudar a discernir, ou obrigar a escolher — se somos tão livres? O deslimite pode se tornar uma pesada carga.

Digo que nada é inteiramente ruim se isso que me inquieta mostra que estou viva. Duvidar é estar alerta: com sorte e otimismo, ceticismo ou raiva, cada um constrói a sua teoria, inventa a sua crença e estabelece os seus valores. Ou copia do vizinho, do amante, da revista, da tevê (mais cômodo).

Baixa prontinho da internet, é a perfeição.

Não tenho nenhuma receita: tenho a noção de que no desenho da existência existem tramas de afeto, pontos de criatividade, explosões de pensamento ou glória de ações, que nos justificam enquanto seres humanos.

Tenho talvez a ingenuidade de acreditar que tudo faz algum sentido, e que nós precisamos descobrir ou

a riqueza do mundo | 59

inventá-lo, como inventamos nossos ídolos. O que nos propomos, o que extraímos do fundo de nós e de nossas necessidades para nos salvar da mediocridade ou do desespero, nem por isso será menos real.

•

Qualquer pessoa pode construir essa "filosofia de vida" para enfrentar aborrecimentos cotidianos ou graves problemas existenciais. Salva-nos aquele olho da inquietação que entreabre sua pesada pálpebra e nos encara, ameaçador ou irônico, demônio talvez benfazejo porque nos atiça: como estamos vivendo a nossa vida, quanto valemos, quanto decidimos ou somos tangidos, como administramos a tão desejada liberdade?

(Pergunta: administrada, ela continua sendo liberdade?)

Para refletir a gente precisa de alguma bagagem interior, isto é, um território íntimo, mental ou espiritual (a palavra assusta?), onde analisar nossa vida, nossas possibilidades, e desejos, e realizações. E o caminho ainda a percorrer.

Qualquer pessca pode acumular bagagem ou vida interior, sem nenhuma conotação religiosa, mas ética. E todos corremos o perigo de passar a vida numa superficialidade atordoada. Parar e pensar nos dá angústia.

Estamos tão integrados na agitação generalizada e na lista de tarefas muitas vezes impossíveis, que passamos a detestar, ou temer, silêncio e quietude. Nos mais luxuosos resorts, à beira das piscinas, música altíssima, e gente obedecendo a algum instrutor: levante a perna, agite o braço, dobre os joelhos, agora pule. Em muitas igrejas somos comandados como crianças: pouca tran quilidade para refletir no que fazemos ali.

Sempre foi duro vencer o espírito de manada, mas esse conflito se tornou quase esquizofrênico: de um lado, precisamos ser como todos, é importante adequar-se, ter seu grupo, sua tribo, pertencer. Por outro lado, é necessário descobrir ou preservar uma identidade, às vezes transgredir para sobreviver. O que fazemos, atiçados por esses dois tipos de demônios (ou deuses)?

Dura empreitada, num momento em que tudo parece colaborar para que não se pense demais, mas se aceite um mundo de ideias e modelos prontos para servir. Somos cabides de roupas ou de ideias alheias que nada têm a ver conosco.

Família, escola e sociedade deviam nos ajudar a desenvolver o distanciamento crítico e a capacidade de avaliar — para poder escolher. Mas embora nossas escolas se queiram tão modernas, não é o que em geral acontece. Pensamento independente, curiosidade, questionamento estorvam e assustam pais e professores. Preferimos deixar como está e nivelar por baixo.

É como nos tornamos membros da vasta seita da mediocridade.

•

a riqueza do mundo

Faz alguns anos tive, num sonho, um vislumbre — que jamais poderei descrever direito — de uma escultura interminável de corpos humanos entrelaçados emergindo muito abaixo de mim e perdendo-se no infinito acima de minha cabeça. Assim intuí o que talvez seja um dos significados da existência nossa: encadeamento e continuação. Como um novelo desenrolando-se incessantemente, todos nascendo uns dos outros, uns por cima dos outros, cada um estendendo as mãos para o alto um milímetro mais e mais e mais: somos novelo e trama ao mesmo tempo.

Meu gesto repete o de uma de minhas antepassadas; meu riso será o de algum descendente meu que jamais conhecerei, o fio primeiro de minhas ideias nasce de outro pensamento milênios atrás, e continuará se desenrolando depois que eu tiver deixado de existir há séculos, num tempo que não flui como imaginamos, o tempo medido e calculado. Ele é pulsação, surpresa.

Errático e vulnerável, o ser humano também consegue corrigir falhas, tapar buracos, inventar coisas incríveis e criar obras de arte maravilhosas, ou compensar muita aflição.

Às vezes suspiramos pelo conforto que, vista de longe, parecia ser a vida quando tudo era mais limitado e certo: menos opções, menos portas e cancelas, menos possibilidade de erro. Pois então temos de aprender a conviver com essa nova engrenagem, mais atentos, mais bem preparados, para que ela não nos dilacere.

Pois a vida não anda para trás: o preço da liberdade são as escolhas com seu cortejo de hesitação e angústia — para que se criem novos contextos e se realizem sempre novas adaptações, que, mal concluídas, nem se estabelecem, pois as inovações, a corrida do tempo e as possibilidades aparentemente infinitas já nos puxam pela manga e nos convidam para a ciranda: vamos ser inventivos, produtivos, competentes, felizes, na companhia de todos os deuses e demônios nessa sarabanda. Fora dela restam o tédio, a paralisia e a morte.

Que ao menos a gente levante a cada manhã para avançar, ainda que aos tropeções, na trilha das nossas tantas escolhas. Para que as emoções e inquietações positivas não entrem em coma antes que termine de definhar o corpo.

a riqueza do mundo

7 | *Uma questão de autoestima*

N ota-se que, falsamente liberados, andamos com receio de certos termos como autoridade, pudor, moral, moralidade. Aceitá-los não nos fará parecer antiquados, medrosos, ignorantes? Não vamos parecer ultrapassados neste planeta de vertigem e mutação?

Vai depender de como os entendemos e usamos, com um pouco de audácia e fervor, sem os quais não se vive: se vegeta ou se passa sem ser notado.

Não tenho medo das palavras. Embora as respeite e venere, executo com elas muitas vezes a dança da mútua sedução. São meus instrumentos de trabalho, de pensamento, de existência, de relacionamento.

"Moralidade" faz parte da decência humana fundamental. Irmã ou clone de "Ética". Oposta ao "moralismo", que é hipocrisia e farisaísmo, montado em mil preconceitos. Jogos semânticos pouco ajudam nesses casos. Dispensadas as teorias, ela, a Decência, se assim a qui-

a riqueza do mundo | 65

sermos rebatizar, é a base de qualquer convívio e ordem social. Embora não necessariamente escrita, está contida também nas mais bizarras ou malcumpridas leis.

Todos a conhecem em seus traços mais largos; alguns a praticam.

Moralidade é compostura. É controle sobre si mesmo, é autoridade externa fundamentada em autoridade moral.

É fiscalizar o cumprimento das leis sem ser policialesco.

É respeitar limites sem ser uma alma subalterna.

Seu exercício pode ser difícil onde o desregramento impera. Exige grande coragem dizer *não* quando a tentação (de roubar, de enganar, ou de compactuar com tudo isso) nos assedia de todos os lados, também de cima.

Um conhecido autor de novelas se confessou surpreso porque os telespectadores torcem pelos personagens cafajestes. Os honrados passaram a ser os "malas". A inconfiabilidade de alguns líderes, que podem ser políticos, artistas ou atletas, se não pais e professores, e que deveriam estar nos dando apoio, nos faz desconfiar do que chamamos valores, palavra cada vez mais banalizada. Logo alguém dá de ombros e indaga, "mas de que valores você me fala? Onde estão a justiça e a ordem?".

E eu pergunto a mim mesma: que tipo de vida estamos aceitando — e, sobretudo, *como nos enxergamos?*

Como um país de gente simpática? Alegre e conformada? Que mesmo na maior miséria encontra uma caixinha de fósforos para batucar um samba? Que tudo aceita, tudo suporta, nessa adorável não violência que pode ocultar uma incapacidade atávica de reagir civilizadamente?

Ou nos vemos como a terra das cidades comandadas por organizações criminosas, do campo ameaçado e assaltado, das ruas inseguras, das casas trancadas, da cultura medíocre e das vidas desperdiçadas? Seremos todos assim, precisamos ser assim, não teremos discernimento e força suficientes para mudar?

Temos medo de que, se quisermos reagir, nos julguem moralistas, contagiados pelo moralismo. Esse é o oposto de moralidade: é preconceito, farisaísmo e hipocrisia, quando não crueldade. Se não me sinto tranquilo, apelo para a traição; se me considero inferior, procuro prejudicar o outro. Se sou um fariseu, caio no moralismo: imponho regras aos outros mas dou risada deles. Ensino a meus filhos que devem aproveitar a vida. Sempre que posso, transo com a amiga de minha mulher, ou humilho em público meu marido.

Não somos anjos: mas entre o angelical e o repulsivo, há de haver uma postura humana, equilibrada — a do homem honrado.

Vamos, pois, em busca dele, como o velho filósofo grego Diógenes, que percorria as ruas em dia claro com uma lanterna na mão.

Questionado, respondia que andava em busca de um homem honrado.

a riqueza do mundo | 67

Esse que estorva os gaiatos entretidos com seus jogos menos éticos, pois nem se corrompe nem deixa que os outros continuem se corrompendo com a naturalidade de antes. Esse estranho no ninho causa espanto porque vai ao trabalho para trabalhar, é leal no trabalho e no casamento, cuida de sua família, cultiva amizades, é ambicioso mas não quer vencer às custas dos outros.

Vamos ter de sair aos bandos, aos magotes, catando essa figura, não uma, mas multidões delas, para consertar isso que parece não ter arrumação: a nossa fragilizada ou confusa autoestima. A mania de achar que tudo tem jeito e nada é problema. Calejados pelas decepções, vacinados contra a indignação, não sabemos direito o que pensar.

Então a gente se anestesia no trabalho, no consumo, nas drogas, na bebida, na velocidade, no sexo sem afeto; a gente atormenta pais, filhos, colegas. A gente corre a duzentos por hora e atropela uma família inteira. A gente bota fogo no mendigo adormecido na calçada.

Onde fica, no meio disso tudo, a visão que temos de nós? Assim como as pessoas, também os países, ou quaisquer comunidades, precisam ter sua autoestima em dia. De que modo nos vemos, nos avaliamos, nos apresentamos aos outros países?

•

Num congresso de escritores no exterior, com uma organização impecável, com grandes figuras presentes, muito se aprendia em discussões e trocas de ideias, seja em público seja em particular. Nos intervalos um quarteto de jovens tocava música clássica no saguão entre refrigerantes e uns incongruentes sanduíches de mortadela.

Cada um dos convidados lia um trecho de uma obra sua — naturalmente em inglês, língua de todos por enquanto — e depois havia um pequeno debate. Quando terminei minha parte, aproximou-se de mim um senhor de cabelos brancos, dono de um belo antiquário em Amsterdã, Holanda — onde eu o reencontraria tempos depois em outro congresso —, casado com uma famosa romancista holandesa.

Ele pegou minhas duas mãos e, respeitosamente, emocionado, me disse num inglês perfeito:

— Jamais imaginei que no Brasil houvesse pessoas cultas.

Hesitei entre a vontade de lhe dizer que deixasse de ser ignorante e o impulso de lhe dar mil explicações. Sim, temos universidades, temos indústria, temos coisas incríveis além de futebol, carnaval, belas mulatas, violência, narcotráfico e favelas assustadoras (nem todas, e lá mora gente trabalhadora também — receio que ele não acreditaria). Mas o ancião estava tão bem-intencionado, era tão inatingível em sua alienação, que ape-

a riqueza do mundo | 69

nas murmurei algumas coisas como "o senhor precisa conhecer o meu país", e me afastei.

Esse tipo de comentário se multiplicou no tempo em que se multiplicaram essas minhas viagens a trabalho. Algumas frases que antes me pareciam piada, invenção, passaram a ser comuns, quase monótonas de tão repetidas, iam do folclórico "A senhora é brasileira? Mas como é possível, sendo loura?" ao para mim espantoso: "Escritora brasileira? Mas... no seu país existem editoras?".

Fiquei remoendo a causa de observações tão loucas (só faltava perguntar o que a gente fazia com as onças no meio da rua), pois não vinham de pessoas mal-intencionadas ou broncas. Elas simplesmente não sabiam.

Então me dei conta de que nós somos os responsáveis por essa situação. Cinema, reportagens, televisão, ocasiões especiais no exterior, são habitualmente transmissores do que temos de exótico para estrangeiros: carnaval, futebol, belas mulheres, violência, narcotráfico, favela.

Em festas no exterior, também culturais, já vi bandejas enormes de caipirinha, mais moças semivestidas, mais samba, mais grandes risadas. Nos cantos, telas de televisão ou de computador onde desfilavam mais carnaval, mais futebol, mais violência na favela. Num desses programas, crianças brincavam com porquinhos, na estreita ruela de um morro carioca.

Pouco depois, existiria por aqui um turismo em que estrangeiros ou brasileiros de outras partes pagam para serem conduzidos por favelas que lhes despertam uma para mim mórbida curiosidade — e onde tudo está bem maquilado, preparado para estrangeiro ver.

Um crítico literário europeu me disse certa vez: "É verdade, do Brasil nós queremos o exótico também na literatura, pois Clarices Lispector temos muitas por aqui".

Era nosso convidado. Eu não o podia chamar de arrogante ou ignorante. Mas me ajudou, pelo choque, a entender que continuamos não conhecidos nem entendidos ou apreciados devidamente, fora daqui, a não ser pelo que consideram exótico, incluindo sexo selvagem — o que quer que isso signifique.

A culpa é nossa.

Em certa grande feira cultural, num país europeu, um representante brasileiro famoso se divertia enfiando a mão embaixo da saia de jovenzinhas locais que trabalhavam como recepcionistas, e que se queixavam, chorosas, a seus chefes. Em estande do Brasil, não queriam mais trabalhar.

Como se não nos levássemos a sério (talvez a gente não se leve a sério mesmo), ainda exportamos pouco e mal o melhor de nossa indústria, das universidades (maquiladas para não aparecer a deterioração), das editoras que vendem milhões de livros para milhões de leitores (escondamos os analfabetos), da arquitetura (temos coisas além das ocas na mata), da gente que estuda, tra-

a riqueza do mundo

balha, constrói e continua fazendo esse país, os artistas, pintores, escultores, músicos, escritores.

Não se iludam quando um estrangeiro dá um tapinha em nosso ombro dizendo com grande sorriso que somos muito simpáticos. Ele não nos conhece, pouco ou nada sabe de nós, não pode nos enxergar como um grande país. Emergente, como gostam de dizer, mas em séria busca de respeito e reconhecimento — em certos meios.

Ufanismos à parte é isso que somos, e assim caminhamos, ladeira acima. Devagar, com idas e vindas, querendo chegar mais ao topo: em saúde, educação, moradia, transporte, infraestrutura em geral, decência na política, controle relativo da violência urbana e no campo, melhoria constante na ciência e na tecnologia.

Sem preconceito, nem farisaísmo, sem excessos de politicamente correto, sem moralismo mas com moralidade e altivez suficientes, tendo de nós mesmos uma visão realista e séria, podendo andar de cabeça erguida em qualquer ponto do planeta. Podemos ser mais do que o meramente exótico, sensual, amável, divertido, um povo que gosta de praia e de samba — duas coisas absolutamente legítimas e deliciosas, mas que não são tudo.

A gente pode mais. A gente quer mais. Mas tende a expor e exportar o mínimo. Resta saber: incompetência, ingenuidade ou desconhecimento de nosso próprio valor? Ou descrença causada pelo exemplo de tantos líderes?

Nós temos bananas sim, mas temos universidades, indústria, editoras, teatros, bibliotecas, e, espantosamente, temos escritores, atores, músicos, orquestras sinfônicas, cidades civilizadas (cidades monstruosas também). Temos violência, narcotráfico, loucura no trânsito, temos muita miséria. Temos jogos de poder, impunidade, cinismo. Temos esforço e força, e muita vontade de melhorar.

Talvez falte motivo para acreditar um pouco mais no que temos de bom.

8 | *O sorriso dos terroristas*

Menina em uma pequena cidade, tive a natureza como presença enorme em torno da casa: abrigo, surpresa, escola de permanência e também de transitoriedade.

Mantive um laço estreito com esse universo, e quando posso durmo de janelas e cortinas abertas para sentir a respiração do mundo. Cedo também aprendi que a mãe natureza pode ser cruel. Granizo perfurando folhas e arrasando a horta, geada castigando flores, água e lama matando gente.

Mal se ouvia falar em terremoto, quando tudo que hoje está aqui na minha casa, no meu quarto, na minha vida, pelos meios de comunicação, ainda ficava longe e parecia inatingível.

Agora que o planeta ficou minúsculo porque o Haiti arrasado, o Chile destruído, a Europa nevada e o Paquistão inundado estão ao alcance do meu dedo no computador ou no controle de televisão, a velha mãe se manifesta em estertores que podem ser apenas normais

a riqueza do mundo | 75

(o clima da terra sempre mudou, às vezes radicalmente, antes de virmos povoar o planeta), mas também podem ser rosnados de protesto, "Ei, o que estão fazendo comigo essas pequenas cracas grudadas na minha pele?"

Mas a natureza não mata apenas com enchentes, terremotos, inundações ou seca escaldante. Por fazermos parte da natureza, ela também mata pelas nossas mãos. O que (exceto pela bomba atômica) pode parecer um fato em escala menor, é bem mais preocupante, quando homens, mulheres e meninos-bomba quase diariamente se explodem levando consigo dezenas, centenas de vidas inocentes: pais de família, mães ou crianças, mulheres fazendo a feira, jovens indo para a escola, anciãos em igrejas, mesquitas ou sinagogas.

Bandidos incendeiam um ônibus com passageiros dentro: dois morrem logo, outros vários vivenciam em hospitais o grave sofrimento dos queimados. Não tinham nada a ver com a bandidagem, estavam apenas indo para o trabalho, ou vindo dele. Assaltantes explodem bancos em cidades do interior antes tranquilas. Criminosos sequestram casais ou famílias inteiras, que submetem aos maiores vexames e terror, nas cidades ou nos sítios antes bucólicos.

Como está virando costume, a gente agradece por escapar com vida.

Duas mães deixam num barraco imundo cinco crianças, algumas com menos de seis anos. Sem comida, sem força, sem presença, sem a menor higiene. O policial que as encontra leva duas menorezinhas para casa, onde sua mulher lhes dá banho e comida. As crianças, de tão fracas, mal conseguem se alimentar. O homem chora: tem três filhos pequenos, e há algum tempo perdeu uma filhinha.

A maldade humana choca até mesmo esse homem, que sendo policial deve ter frequente contato com ela.

A natureza em si mata através de movimentos cegos; a natureza humana mata por querer, com requintes de selvageria.

Nós estamos lúcidos quando abandonamos crianças ou doentes; quando de muitas formas, direta ou indiretamente, assassinamos. Queremos mesmo atormentar, torturar, matar, ainda que em vários casos seja uma consciência em delírio — estamos tão embriagados, tão drogados que achamos graça de tudo. Nesse caso, somos responsáveis por nos termos drogado.

Também matamos criando ou permitindo, e ignorando, condições mortais para os desvalidos que precisariam da nossa proteção. É quase um assassinato político.

De modo que o ser humano não tem jeito. Ou: esse é o nosso jeito, como parte pior da natureza toda — embora a gente também produza arte, música, escultura, pintura, literatura, magníficas obras de arquitetura ou engenharia, e belíssimos casos de amor.

De um lado os cuidadores, que vão de pais e mães até médicos e enfermeiras; de outro lado os destruidores, que são os bandidos, mas também — que tristeza — gente dita normal, ou pais e parentes.

a riqueza do mundo | 77

O que pode fazer a criança diante do abandono materno? Em relação ao pai, tio ou irmão estuprador? O que podem fazer passageiros de um ônibus, pacíficos e cansados, diante do terror imposto por bandidos? Velhinhos em seu sítio assaltados, torturados e mortos a pauladas?

Nada.

Para quem a esta altura quer saber a razão do título deste texto: uma quadrilha de dez a quinze terroristas, meninada em torno de vinte anos, toma de assalto a lendária Bombaim, na Índia, hoje Mumbai, e sai matando a torto e a direito. Simples assim. Com armas pesadas e moderníssimas, o bando mata sorrindo, segundo testemunhas. Entram no restaurante de um hotel de muitas estrelas, onde um grupo de jovens *chefs* com animação e capricho prepara jantares para hóspedes e outros clientes.

Os meninos terroristas entram, sorriem e fuzilam todo o grupo. Saem pelo imenso hotel matando, e depois de algumas horas (foram dias inteiros!!!) há lugares onde o assoalho escorrega de tanto sangue.

Por muito tempo as notícias foram vagas e confusas, e a matança dos inocentes, vasta e desordenada, parece que foi muito bem preparada: há meses a gangue assassina treinava, preparava, sondava terreno, ia se instalando nos próprios hotéis escolhidos, levando armamentos e preparando salas de comando com sofisticados recursos. Enquanto isso, ali junto, pais de família, crianças, mulheres grávidas, simples empregados e altos funcionários, da modesta faxineira ao mais bem-posto milioná-

78 | *lya luft*

rio, viviam suas vidinhas ou vidonas, sem imaginar que a morte os espreitava com um belo sorriso num rosto de garotão.

O planeta conturbado tem dessas coisas, não temos lá grande controle sobre elas, corremos muitas vezes como animais confusos para o matadouro.

•

Mas não é apenas isso, a nossa vida: é também a revelação da grandeza humana, uma onda incessante de generosidade e compaixão. Que os ricos ajudem, que os bancos e empresas doem, é natural. Mas diante de alguns desastres naturais como inundações e deslizamentos, pessoas muito simples cedem até o essencial; acolhem em suas casas vizinhos ou desconhecidos que tudo perderam, e em boa parte jamais vão recuperar — então podemos refletir na também possível bondade humana.

Gente modesta se mobiliza: as estradas (muitas nem existem mais) seriam insuficientes para esse tráfego de humanidade. Empregadas domésticas dão um de seus três pares de sapatos usados; crianças dão dois de seus cinco brinquedos; famílias doam um colchão e dormem apertadas; gente manda uma lata de leite em pó, e bota mais água na caneca de seus filhos. Nutrizes amamentam bebezinhos órfãos, gente muito pobre acolhe em casa outros igualmente pobres que não têm mais literalmente nem onde cair mortos.

a riqueza do mundo | 79

Isso tem de valer mais do que todo o frio horror da natureza descontrolada ou a perversão dos terroristas que mataram sorrindo pessoas que nada tinham a ver com isso, aqui e no outro lado do mundo: o rabino idealista com sua mulher, os garçons e camareiras, os casais em lua de mel, os velhos em sua primeira viagem juntos, os empresários ocupados e os funcionários esforçados, os agricultores e professoras, os namorados, as grávidas, os bebezinhos.

A natureza encantadora e cruel, também somos nós: que a gente não fique do lado dos animais assassinos, como a orca que depois de matar três pessoas continua, como foi anunciado, "fazendo parte do time" no parque americano.

Nas tragédias, a solidariedade — que só floresce na dor — vem com força. Estamos na sombra, órfãos e enlutados, sem ter nem para onde ir — mas em algum lugar um desconhecido ou o vizinho próximo, no fim desse horrendo túnel, abre os braços e diz: **irmão**. Essa era a palavra que, só ela, poderia nos salvar. E foi pronunciada.

Devia-se apagar, sabendo disso, o sorriso de todos os terroristas.

Iya luft

9 | *Educar: ensinar a pensar*

Não sei se já temos convicção, nós povo e nós governantes, de que a educação é a base de tudo — e que é longo o caminho para quem, como nós, habita um dos países mais atrasados nesse campo.

Se concordarmos em que ela deveria ser não só a primeira tarefa da família (junto com amar e cuidar), mas o primeiro objetivo de qualquer governo, seu maior interesse e seu maior orçamento, por que fazemos tão pouco para que isso se concretize ou comece a se realizar?

O que responderíamos se nos apresentassem esse interessante quesito em nível nacional: O que é educar?

Educar deveria ser ensinar a pensar, ajudar a observar e admirar o mundo, e a reconhecer, buscar, e administrar a própria liberdade.

Sem querer parecer cética, lembro o que dizia um experiente professor: "Se numa turma de quarenta alunos consigo fazer um ou dois aprenderem a pensar, me dou por satisfeito". Não sei se nossa educação leva

a riqueza do mundo | 81

alguém a pensar. A observar e analisar a natureza, o cosmos, os humanos, as artes, a política, as ciências, as engenharias — e a maravilhar-se de tudo isso.

Não creio que a nossa educação abra portas da liberdade, que tem de ser procurada, construída e administrada. Um povo capaz disso é o começo de uma nova humanidade, mais harmoniosa — que é o meu conceito de felicidade.

E como tudo isso, nada originalmente, começa em casa, talvez nós adultos precisemos começar a nos educar para educar bem esses que a vida nos confiou como filhos ou alunos — com atenção, afeto e autoridade (a tão temida palavra).

O mais simples em geral é falar na experiência própria. Nem um de meus filhos foi — como eu não tinha sido — aluno nota dez. Mas todos passaram no primeiro exame vestibular, não porque fossem gênios ou se matassem estudando, mas por serem informados, lendo, discutindo, escutando, observando, e estudando normalmente. Era o seu dever natural, pois não eram nem doentes, nem lesados, nem precisavam sustentar a família roubando com o trabalho o tempo de ler e estudar.

Nunca exigimos que fossem competitivos, bem-sucedidos, magníficos, mas esperávamos que buscassem sua realização e sua felicidade. Também com a necessária — e saudável — rebeldia. A gente aprendia a lidar com ela, pois nem era destrutiva nem nos insultava: estávamos dando ao mundo cidadãos construtivos.

Não desprezávamos a necessária autoridade que faz parte do amor de pai e mãe. Essa tarefa de criar filhos é, sempre, um jogo de erros e acertos. Também em nossa casa. Pois não lidávamos com robôs, e sim com três crianças, depois jovens, ativos, com personalidades próprias e bem distintas. Cada dia, um desafio. Alegria ou frustração, pois éramos, todos nós, apenas humanos, cheios de dúvidas e capazes de muitos erros.

Também tínhamos, talvez pela informação, liberdade em relação a conceitos então considerados modernos. Muito de psicologia mal interpretada afirmou pelos anos 60 que não dá para traumatizar crianças e jovens exercendo sobre eles autoridade ou impondo regras: têm de aprender brincando. Esqueceu-se que a vida não é brincadeira, e o colégio — como a família — deveria preparar para ela. Transformou-se a escola num falso, artificial reduto familiar: professoras são tias, muitas vezes tentando trabalhar num regime caótico porque na família possivelmente é assim. As crianças não conhecem outro sistema.

Um pouco de ordem na infância e adolescência, em casa, na escola e na sociedade em geral, ajudaria a aliviar a perplexidade e angústia daquelas fases. Respeito deveria ser natural e geral, começando em casa — onde frequentemente as crianças comandam o espetáculo diante de pais intimidados, por insegurança pessoal ou por estarem perplexos com o dilúvio de teorias e receitas muitas vezes insensatas e lesivas.

a riqueza do mundo | 83

O resto pode vir depois: com todas as ideias, nomenclaturas, modernidades e instrumentação, ir e vir, dizer e desdizer naturais ao desenvolvimento e ao progresso no caótico e admirável mundo nosso.

•

Tudo isso tem muito a ver com o conceito de autoridade, que abordo de modo repetitivo (e consciente disso), pois o considero essencial para a educação. Porém o vocábulo anda malvisto e mal interpretado, a simples palavra nos deixa na defensiva.

Um jovem jornalista me entrevistava antes de uma palestra sobre Educação. Perguntou o título da minha fala, e quando respondi "Educação e Autoridade", ele piscou e se remexeu na cadeira, revelando certo desconforto:

— Autoridade? Aquilo que diz, isto pode, aquilo não pode?

Achei graça e respondi que sim, era sobre isso mesmo que eu ia falar, essa coisa antiga e esquisita que indica que há limites, certo e errado, permitido e proibido.

Mais uma vez: a crise de autoridade começa em casa, quando temos medo de dar ordens e limites ou mesmo castigos aos filhos, iludidos por uma série de psicologismos falsos que pululam como receitas de revista ou programa matinal de televisão e também invadiram parte das escolas. Crianças e adolescentes saudáveis são mimados por pais aflitos e receosos de exercerem qual-

84 | *lya luft*

quer comando. A própria justiça trata jovens infratores como imbecis embora espertos, e como inocentes mesmo que perversos estupradores, frios assassinos, traficantes e ladrões comuns. São encaminhados para os chamados centros de ressocialização já mencionados, onde em geral (exceções existem) nada aprendem de bom mas muito de ruim, e logo voltam às ruas para continuar seus crimes.

Estamos levando na brincadeira a questão do erro e do castigo na vida cotidiana, ou do crime e da punição nos aspectos legais da nossa sociedade. A banalização da má educação em casa e na escola, e do crime fora delas, tem consequências dramáticas que hoje não conseguimos mais avaliar.

Antes de mais nada, é dever mudar as leis — e não é possível que não se possa mudar uma lei, duas leis, muitas leis.

Porém autoridade é apenas um dos lados desse complicado drama. O que precisaria ser uma boa educação, para formar seres humanos mais conscientes, mais regrados e também mais livres — isto é, menos escravos de modas e manias, e mais donos de sua vida?

Primeiramente, fazer pensar, desde pequenos, na realidade que nos cerca e deve ser observada; nas pessoas, suas relações e dificuldades, mas também em suas realizações; nos mistérios do universo e nosso papel nele; no belo e bom que existem em nós e na nossa cultura, como na natureza a ser respeitada; no significado de tudo isso, e da vida de cada um — dependendo de

a riqueza do mundo | 85

crenças, filosofia, valores de cada escola, comunidade, país, e também família. Ensinar a riqueza da variedade nessas crenças como nas etnias, nas culturas, na natureza e nas individualidades.

Abrir as mentes para o assombro, dar coragem para o questionamento, flexibilidade para a assimilação de ideias e emoções novas. Incutir o respeito pelo planeta e pela natureza, pelo outro e por si mesmo, e o interesse pela busca de um lugar no mundo.

Esse seria o papel fundamental da família e da escola, independente e acima de currículos. Pois a formação de um indivíduo, isto é, a educação, começa na infância, ética também, mesmo com crianças muito pequenas. Noção de autoridade, não com medo, mas com sentimento de que alguém nos observa, nos ama e cuida de nós, também começa em casa. Olhar aberto para natureza, humanidade, família, afetos e arte: começa em casa. Não de maneira didática, não com pedagogia, mas simplesmente no convívio mais natural, do dia a dia.

Para isso é necessário que os pais sintam e pensem assim; que tenham sido educados assim; ou que, pela informação, desejo e abertura, tenham entendido que isso é certo, e isso é bom.

●

Nos primeiros anos de vida de uma criança, dizem os entendidos, forma-se o seu caráter, criam-se os seus valores, desenha-se o seu perfil no fundo do espelho da vida, aquele que ela vai tentar preencher pelo resto de seus dias.

E isso, sinto muito, não pode ser delegado à escola nem esperado dela. Para aflição dos pais e mães que trabalham o dia inteiro, que chegam em casa exaustos, carregados de conflitos e preocupações, sinto muito dizer: a escola apenas tenta dar alguma continuidade, e olhe lá.

A escola lida com material que chega de casa formatado, embora ainda não definitivamente. O essencial está ali: a confiança ou a incerteza, a capacidade de amar e ser amado ou a hostilidade solitária e assustada, a consciência de certo e errado com sua listinha comportada, ou borrões confusos e incoerentes.

Pouco do que se puder mostrar na escola (valores não se ensinam, se praticam) vai alterar profunda ou definitivamente a personalidade que ali chega com seus traços fundamentais delineados, seja os genéticos, seja os adquiridos na família..

O convívio entre pais e filhos torna-se mais difícil numa sociedade em que pais e mães geralmente precisam trabalhar fora, chegando em casa à noite estressados, sem força para ajudar nos temas, no banho, botar na cama, fazer um carinho, contar uma história ou conversar um pouco. Não tenho receita. Há quem diga que sou pessimista; há quem diga que sou uma incurável romântica.

Prefiro pensar que sou uma otimista cautelosa, como alguém já escreveu a meu respeito.

a riqueza do mundo

Digamos que é possível levar em frente a formação da personalidade dos filhos sem hipocrisia, sem culpa por não sermos maravilhosos, sem raiva porque fatalmente renunciaremos a algumas coisas se temos crianças para criar e amar — com a profunda certeza de que sempre vai valer a pena dividir uma pequena parte dessa tarefa com a escola, mas ter orgulho, alegria, vontade de fazer a parte maior.

Tudo começa em casa: também a necessária autoestima para continuar tomando, pela vida afora, mais decisões em favor da vida do que escolhas fatais. E para que, prolongada na escola, a educação ajude o indivíduo a se sentir parte do grande mundo, integrado nele, banhado pelo seu mistério, participante dos seus dons, responsável em parte por seus problemas, e não alguém alienado, distante, que prefere não pensar para não se assustar.

Educar é, em suma, ensinar a ser livre gerindo esse dom, essa conquista; a ser criativo também no mais banal: fazendo da vida, mesmo no trabalho e na dificuldade, uma espécie de arte. Pode ser utópico: não é impossível, desde que se acredite que viver não é só nascer, comer, crescer, transar, envelhecer e ir para um buraco ou virar cinzas, mas buscar-se, encontrar-se, continuar crescendo enquanto ser humano, mesmo no mais limitado e simples estilo de vida.

Não se pode esquecer que educar é também tentar revelar um pouco a alma do outro, que segundo Rilke é "uma floresta escura" — com o que tem de bom e o que inspira temor.

88 | *Iya luft*

Todos nós, até o último momento, estaremos sendo educados. Pois enquanto respiramos e pensamos, somos criaturas em transformação; até o fim aprendendo, já não com professores, mas com a alegria e com a dor, com as perdas e os ganhos — alunos da passagem do tempo e da vontade de descobrir a que afinal viemos, cada um com a sua peculiar bagagem.

10 | *Quando educar é trair*

Educar, que deve ser abrir cabeças, apresentar caminhos e ensinar a desfrutar da liberdade com ética e decência, também pode ser trair. Às vezes até com boa intenção e igual dose de despreparo e desinformação, ou por alguma ideologia torta que nos turva o olhar.

Nestes dias deparei com algo que rompeu minhas defesas (que me fazem ler superficialmente ou escutar com meio ouvido algumas loucuras com as quais naquele momento não quero me desgastar), e duvidei do que estava lendo.

Reli, mais de uma vez, em mais de um jornal, e ali estava: querem banir das escolas um livro (logo serão todos, logo serão de muitos autores, não importa por que motivo for) de Monteiro Lobato, porque alegadamente contém alusões racistas.

Lá vinha, esgueirando-se mas não morto, o chamado politicamente correto, que, a meu ver, muitas vezes pode ser incorreto — como nessa onda de mudar e "lim-

a riqueza do mundo | 91

par" de supostos "perigos" ideológicos ou psicológicos os contos e cantigas infantis.

Essa corrente de pensamento pedagógico irá lesar o imaginário das crianças, mutilando histórias como a da Chapeuzinho Vermelho: agora o Lobo acaba amigo da Vovó... e nada de devorar a velha, nada de abrir a barriga da fera e retirá-la outra vez. Tudo numa boa, todos na mais santa paz, tudo de brincadeirinha — como não é a vida.

Modificam-se textos de cantigas como "Atirei um pau no gato", transformando-a em um ridículo "Não atire o pau no gato" e outras bobajadas, porque o gato é bonzinho e nós devemos ser idem, no mais detestável politicamente correto que já vi.

Contos de fadas foram originalmente narrativas populares, orais, de povos muito antigos, que representavam e tentavam controlar seus medos e dúvidas, carentes das quase excessivas informações científicas de que hoje dispomos. Nascimento e morte, sexo, sol e lua, raios e trovões, o brotar das colheitas, lhes pareciam misteriosos.

Escritores como Andersen e os Irmãos Grimm adaptaram tais relatos ao mundo infantil, e criaram suas maravilhosas histórias que unem, como a vida real, o belo e o sinistro.

Uma sereia quer pernas para namorar seu príncipe na praia, mas o sacrifício é terrível, a cada passo de suas novas pernas dores inimagináveis a dilaceram. Uma princesa, sua família, séquito e criados do castelo dormem um sono profundo, maldição de uma fada má, e só

Iya luft

serão libertados pelo príncipe salvador — que, é claro, sempre aparece. Branca de Neve, Rapunzel e dezenas de outros personagens alimentaram nossa fantasia e continuam a alimentar a das crianças que têm sorte, cujos pais e escolas lhes proporcionam contato cotidiano com esses livros ou relatos orais.

Ora, minha alma foi alimentada com duas literaturas na infância: os contos de fadas de Andersen e dos Irmãos Grimm, e Monteiro Lobato. Duas culturas aparentemente antípodas, mas que se completavam lindamente. Narizinho e Pedrinho moravam no meu quintal. Emília era meu ídolo, irreverente e engraçada. Dona Benta se parecia com uma de minhas avós, e tia Nastácia era meu sonho de bondade e aconchego.

Eu me identificava mais com elas do que com as princesas e fadas dos antiquíssimos contos nórdicos, porque jabuticaba, bolinho, bichos e alegria eram muito mais próximos de mim do que as melancólicas histórias de fadas e bruxas — raiz da minha ficção.

Dar legitimidade à busca mesquinha por culpados a serem jogados na fogueira é criminoso, e vai acabar em livros queimados — eles foram um dos índices sinistros, a que nem todos deram a devida importância, da loucura nazista. Muita tragédia começa parecendo natural e desimportante: no início, achava-se Hitler um palhaço frustrado.

Banir um livro infantil de Monteiro Lobato, o mais brasileiro dos nossos escritores, pode iniciar uma caça às bruxas, marca de vergonha que não combina com um

a riqueza do mundo

dos lugares nesta conflitada e complicada Terra onde as raças e culturas ainda convivem melhor, apesar dos problemas — devidos em geral à desinformação e à imaturidade.

Com esse perigoso precedente, se ele algum dia se impuser (seus fomentadores vão voltar à carga), vamos começar a "limpar", isto é, deformar, muitos livros. Japoneses, árabes, alemães, italianos, poloneses, índios e negros (ou não posso mais usar essa palavra?) sofrem ou podem sofrer ataques racistas. Isso é motivo de penalidades da lei para os racistas, se for o caso.

Impedindo nossas crianças do natural contato com antiquíssimas histórias que retratam as possibilidades boas e negativas que a vida apresenta, onde estão muitos de nossos arquétipos essenciais, nós as deixamos despreparadas para a vida, cujos perigos hoje entram em suas casas, rondam escolas e clubes, esperam na esquina com um revólver na mão de um drogado, ou de um psicopata lúcido e frio, sem falar nos insidiosos pedófilos na internet.

Transformar os lobos em bobos e as vovozinhas em pândegas, ignorar o que existe de sombrio no mundo, caminhar feito João e Maria alegrinhos, não abandonados pelos pais mas procurando borboletas no mato, há de ser mais um triste engano em parte de nossa pedagogia, privando a mente infantil de arquétipos humanos essenciais.

Em compensação, adolescentes e crianças procuram o encanto do misterioso lendo sobre vampiros, bruxos e avatares, vendo seus filmes e pesquisando na internet. Por que isso?, me perguntou recentemente um pai. Porque nesse momento de altíssima tecnologia, a alma humana busca a expectativa, o segredo e o susto. Precisa conhecer o mal para se acautelar e proteger, o belo e o bom para crescer com esperança.

O mundo não é inerente. Coisas más e assustadoras acontecem, por isso nossas crianças e jovens devem ser preparados para a realidade. Não com pessimismo ou cinismo, mas com a força de um otimismo lúcido.

·

Há quem justifique essa atitude com o argumento de que tais contos e cantigas amedrontam as crianças.

Sinto muito: medo faz parte de existir, é uma arma para enfrentar a vida, base da nossa preservação. O mesmo medo que nos leva a recuar também nos ajuda a enfrentar.

Não precisa ser terror da violência doméstica, física ou verbal, ou da violência nas ruas — mas o medo natural e saudável que nos torna prudentes (não acovardados), pois nem todo mundo é bonzinho, adultos e mesmo crianças podem ser maus, nem todos os líderes são modelos de dignidade. Uma dose de realismo no trato com crianças ajudará a lhes dar o necessário discernimento, habilidade para perceber o positivo e o negativo, e escolher melhor.

E o real pode vir revestido de imaginação, melhor se adaptando à natureza do pensamento da criança: daí

a riqueza do mundo | 95

parte da importância e força dos contos de fadas ou quaisquer boas histórias infantis modernas.

Acreditando nisso, tenho boa companhia: bons psicanalistas usam dessas lendas para melhor estudar a mente humana, a fim de abrandar alguns conflitos mais cruéis que nos paralisam. E mais: algumas pessoas, que não têm alma de burocrata, preservam pela vida afora essa visão do atrás de tudo, de uma suprarrealidade que escapa do tempo e permanece apesar de todos os nossos esforços de enquadramento na dureza ou futilidade do que nos rodeia e nos arrasta.

Essa forma de liberdade, que é um tipo de solidão, faz nascer a arte, o amor, o sentimento de transcendência e a necessidade de beleza, mas cobra um alto pedágio.

E também isso deveria ser visto e pensado nas escolas: não nivelar, não arrasar, não cortar cabeças, não adequar exageradamente, mas — seria ideal, eu sei — deixar que todos desabrochem dentro de sua própria moldura e talentos. Para que a sala de aula não pareça nem um pátio de caos e conflito, nem uma prisão, mas uma porção de portas e janelas com duas vias: para dentro de nós mesmos, e para o vasto mundo.

Isso seria, utopicamente, educar sem atraiçoar.

Para os governos, todos, de todo o planeta, onde quer que a educação não seja prioridade real, trair é dedicar o menor orçamento à educação e à cultura, é pagar mal os professores, é deixá-los exercerem sua profissão mal preparados, mal equipados, em escolas caindo aos pedaços, sem bibliotecas nem laboratórios nem computadores (falo em todas, ou a grande maioria delas).

Trair nesses casos é permitir um ensino frouxo, com milhares de crianças e jovens sem acesso a ele; trair é, para os governantes e líderes, baixar o nível de exigência e produção das escolas e das universidades, dizendo que isso é para o bem do povo. Em última análise, afirmando que o povo só merece isso, em lugar de lhe dar acesso ao que há de melhor. Trair é também dar péssimos exemplos.

Educar de verdade ainda é uma utopia entre nós.

Viva a utopia.

11 | A *riqueza do mundo*

Já escrevi que, lendo ou escutando notícias sobre cifras de bilhões e trilhões, recordo tempos em que para mim tais números se referiam a estrelas. E pouco significavam para a menina sonhadora que achava que o irmãozinho morto ainda bebê, antes de ela nascer, espiava acomodado numa delas.

Hoje, quase simultaneamente com notícias sobre a inimaginável riqueza nesta terra (a monetária, não da natureza, da arte, da ciência, do espírito humano criativo e ardente), vejo reportagens sobre a também inimaginável desgraça humana — como a que descrevi acima, e mais.

Há quem diga que dou esperança; há quem proteste que sou pessimista. Eu digo que os maiores otimistas são aqueles que, apesar do que vivem ou observam, continuam apostando na vida, trabalhando, cultivando afetos e tendo projetos.

Porém às vezes escrevo com dor. Como hoje. Acabo de assistir a uma reportagem sobre crianças que vivem do lixo, como seus pais e às vezes seus avós. São centenas, são milhares, e possivelmente pelo planeta todo serão milhões.

A reportagem era uma história de terror, mas verdadeira: uma jovem de menos de vinte anos trazia numa carretinha feita de madeiras velhas seus três filhos, de quatro, dois e um ano. Chegavam no lixão, e a maiorzinha, já treinada, saía a catar coisas úteis, sobretudo comida. Logo estavam os três comendo, e a mãe, indagada, explicou com simplicidade: "a gente tem de sobreviver, né?".

O relato desta quase adolescente e de outras era parecido: todas com filhos pequenos, duas de novo grávidas, e, como diziam, vivendo a sua sina como sua mãe antes delas, e a avó. Uma chorou dizendo que tinha estudado até a oitava série, mas aí precisou ajudar em casa, e foi catar lixo como outras mulheres da família. "Minha sina", repetiu, e olhou a filha a quem amamentava.

"E essa aí?", perguntou a jornalista.

"Essa aí, bom, depende, tomara que não, mas Deus é que sabe. Se Ele quiser..."

Os diálogos foram mais ou menos assim, repito de memória, não gravei. Mas gravei a tristeza, a resignação, a imagem das crianças seminuas, contentes comendo lixo. Sentadas sobre o lixo. Uma cuidando do irmãozinho menor, que escalava a montanha de lixo.

Como suas mães, acreditando que Deus queria isso.

Alguém a meu lado comentou:

— Espera aí, e os bilhões de que se fala a toda hora em notícias sobre a economia mundial, são usados para salvar bancos? Por que não para salvar vidas? A riqueza do mundo não é para manter vivas e dignas as pessoas?

Eu não tinha uma boa resposta, e disso me envergonhei. Quem perguntava era muito jovem.

Podia dizer — e disse — que, apesar dos humanos, o mundo continua. Doenças são vencidas, outras aparecem. O triste é que muitas são fruto de falta de higiene, por abandono sobretudo de parte dos governos.

Em algumas coisas, muitas, melhoramos: temos várias vacinas, mal ou pessimamente existe atendimento para doentes despossuídos, hospitais e ensino públicos ainda que atrasados e ruins, alguns benefícios como aposentadoria embora miserável, estabilidade econômica aparente: andamos um pouco mais bem equipados do que cem anos atrás.

•

Mas quem somos afinal?

Que humanidade nos tornamos, que, vendo toda a miséria e aflição em tantos lugares, continua comendo, bebendo, vestindo, trabalhando e estudando, como se nem fosse com ela? Deve ser o nosso jeito de sobreviver, não comendo lixo concreto, mas ruminando lixo moral e fingindo que está tudo bem. Pois se nos sentirmos de verdade parte disso, responsáveis por isso, como continuar uma vida cotidiana e banal? O que fazer, como mudar?

a riqueza do mundo | 101

Talvez empregando diferentemente a riqueza do mundo. E para isso, elegendo representantes — já que uma democracia é o autogoverno do povo através deles — que cuidassem dos lixões, dos pobrezinhos, da saúde pública, dos leitos que faltam aos milhares, dos colégios desprovidos, da fome e da falta de higiene, da desinformação e da falta de escola, da seca ou da inundação, para que ninguém ficasse tão exposto e vulnerável, tão sem cuidado algum.

Tão sem nada.

Os deuses não inventaram a indiferença, a crueldade, o mal do homem causado pelo homem. Nem mandaram desviar o olhar para não ver o menino metendo avidamente na boca restos de um bolo mofado, sua única refeição do dia, no mesmo instante em que a câmera captou sua irmãzinha num grande sorriso inocente atrás de um par de óculos de aro cor-de-rosa, que acabava de encontrar: e assim iluminou-se num breve instante aquela triste realidade.

Penso novamente na tragédia das inundações e dos deslizamentos de terra em tantos lugares ou aqui bem perto, onde o fundamento, a base das moradias é terreno traiçoeiro que vai escorregar (e as autoridades fingiram não ver) ou lixão antigo, podridão que o tempo foi disfarçando com terra e algumas plantas. As autoridades também sabiam. Elas são os pais daquele lixo. Não o produziram diretamente, mas ali o deixaram, ou mandaram jogar, e em lugar de vigiar, manter higienizado e isolado, permitiram que o recanto emporcalhado se cobrisse de casas, de lares.

Bairros inteiros de condomínios, edifícios de muitos andares, foram construídos sobre lixo em diversas cidades e bairros. Talvez fosse aterro sanitário, mas sem o tempo necessário para que tudo se higienizasse o suficiente para que humanos pudessem morar em cima.

Produzir lixo é inevitável.

Tratar o lixo de maneira científica, técnica, que o torne inofensivo ao ser humano, é dever básico de qualquer autoridade. E acontece em países mais adiantados, onde homens encarapitados sobre lixo — ainda que de luvas — pareceriam algo bizarro e cruel.

Fingimos ignorar o odor que se disfarça porque tudo cheira mal devido à corrupção, impunidade, desinteresse e cinismo. São os sonhos humanos apodrecendo há muitos e muitos anos debaixo de nossos pés. Quem reclama é apontado com o dedo: esse perturba a ordem, sopra vento na calmaria, faz espalhar o mau cheiro e a má fama, está incomodando.

Espero que não se romantizem mais as favelas, onde estaria a verdadeira raça brasileira, e que não esqueçam as tragédias por aqui e longe daqui, nós que esquecemos tão depressa. Nem vamos enfeitar a desgraça, ou disfarçar a omissão. Vamos colocar o bem público acima do nosso bolso, nossa cobiça, nosso desejo de mais poder.

Vamos cuidar da nossa gente.

•

Um filme, uma reportagem extensa sobre meninos do tráfico que atuam em nossas favelas, mais uma vez

a riqueza do mundo | 103

me choca. Pois eles são nossos meninos e fazem parte da riqueza do planeta.

O documentário — não uma ficção, mas dura realidade — é um tapa na nossa cara, esta cara de pau, cara de bunda, cara cínica ou alienada, cara de santo fingido, cara de uma omissão vergonhosa. Cara num riso alvar? Assisti ao documentário encolhida, e dias depois ainda não conseguia me sentir bem na própria pele.

Nunca mais serei a mesma, depois de testemunhar esse outro tipo de lixo, o lixo humano que somos nós, sociedade que permite aqueles meninos banguelas, aquelas meninas magrelas, aquelas vozes arrastadas de sono e droga, aqueles rostos ocultos de medo ou tudo enfrentando impassíveis, aqueles olhares pedintes ou ferozes, que feririam como punhais qualquer pessoa que não estivesse embotada.

Não quero esquecer: pois, sem usar drogas nem conviver com traficantes, indiretamente, como todo brasileiro, fui responsável pela vida e pela morte deles, pois todos, menos um, já morreram. Nós os matamos.

Muito mais existe do que isso que foi mostrado. Filmes sobre a corrupção da polícia e políticos em grandes cidades (nas menores, não sei se quero saber...) nos deixam alertas e deprimidos, boquiabertos e incrédulos, querendo escapar, tapar ouvidos e olhos, mas forçados a encarar essa parte da nossa realidade.

Muita gente poderosa vive da desgraça de seu país; muita cumplicidade perversa promove e mantém aquilo; tudo prolifera e floresce com arranjos sinistros e ausência de vontade para mudar — como sinistra, disse um daqueles meninos, era a sua vida: "a vida da gente aqui é sinistra e louca", ele disse com sua voz fraquinha.

Vou pensar todos os dias que continuam morrendo crianças que poderiam ser meus filhos, teus filhos, nossos filhos. Pais de família indo para o trabalho, mães carregando seus bebês, jovens que apenas queriam ir à escola ou se divertir um pouco. São eles, meninos e adolescentes, os que mais me entristecem. Eram nossos, aqueles meninos e meninas, sonados, ferozes ou tristíssimos, que a gente tem vontade de botar no colo e confortar.

Mas confortar com o quê? E aquela arma, e aquelas drogas, e aquela infelicidade, e aquela desesperança?

Fazer o quê?

Devolver-lhes o pai morto, entregar-lhes a mãe saudável e menos desesperada, com menos sepulturas de crianças mortas a visitar? Proporcionar-lhes escola, comida, casa, família, vida — tudo isso que para sempre lhes devemos e lhes foi roubado antes mesmo de serem concebidos? Idealmente, romanticamente, se a gente colocasse nas favelas e nos morros do país inteiro uma infraestrutura minimamente decente, policiamento honrado, escolas em funcionamento, clínicas, locais de lazer e atendimento efetivos, acabando com a matança entre "bandidos" e "mocinhos ", a vida por ali iria melhorar.

Vidas humanas iriam desabrochar.

Mas não há soluções à vista: só palavras e ímpetos de indignação, tudo cheirando a cinismo — e a flor mur-

a riqueza do mundo

cha em velório. "Quando eu morrer vou descansar", disse com uma simplicidade arrepiante um menino de rua, tão pequeno que não podia ter mais de dez anos. Ele morreu, e morrerão muitos mais, porque nada efetivamente, é feito, nada muda.

Todo aquele entre nós que usa drogas para imitar, para fazer parte, para relaxar, para fugir de problemas que não são tragédias, mas apenas problemas, empurrou um pouco mais para a sua tristíssima e imerecida morte aqueles meninos e meninas, que eram nossos, homenageou o traficante e anistiou a autoridade criminosamente omissa que seria responsável. Cada traficante assim homenageado com nosso pobre divertimento, anestesiando problemas ou responsabilidades com drogas, há de dar boas risadas da desgraça humana que de certa forma (embora haja quem proteste ao que afirmo) nós causamos sem saber.

Nós todos somos culpados de que tenham existido, sofrido, matado e morrido, sem nenhuma possibilidade de vida, de esperança e dignidade, aqueles meninos e meninas que também foram uma riqueza do mundo, que se perdeu.

•

Longe de nós — mas não menos forte, depositados na mesa do café da manhã pela mídia — lugares são devastados por forças naturais como tornados, maremotos e terremotos, inundações ferozes. Milhares de corpos apodrecendo em águas lamacentas. Milhares de seres humanos privados de tudo — que não vão recuperar.

Particularmente dramática numa dessas reportagens de televisão, a visão de mulheres grávidas desalojadas, que perderam casa e parentes, não têm onde ficar, quase nada para comer, esqueléticas figuras amontoadas embaixo de tendas ou ao relento. Ventre crescido e olhos apáticos transbordam desamparo. No chão, muitas vezes sem sequer um pano sujo entre o rostinho e a terra, crianças deitadas, dormindo ou acordadas, algumas com a face voltada para o chão, cobertas de moscas. Instintivamente quase estendi a mão para espantar uma delas, que rodeava a boca entreaberta de uma criança muito pequena, deitada inerte.

Viva, parecia morta.

Nem a mãe tentava espantar as moscas: a realidade me feriu. Insetos passeavam pelo rosto, cabecinha e corpo de todas as crianças, que nem piscavam. E elas também são a riqueza do mundo, desperdiçada.

Que humanidade nós somos, que não conseguimos, não digo igualdade na qual não acredito, mas menos desigualdade, menos opressão, exploração, menos ignominioso fechar de olhos como se a humanidade que sofre fora da nossa casa não existisse.

Entidades internacionais mais uma vez apelam para ajuda do planeta. Mas precisa-se pedir ajuda alheia? Como não se reparte naturalmente algo das incalculáveis quantias de que tanto se fala agora, para evitar, ou socorrer, tamanho infortúnio?

a riqueza do mundo | 107

No Haiti, pouca ajuda internacional chegou, mesmo bastante tempo depois (onde ficou, em que mãos foi parar?), e o que chegou não foi bastante: o caos lá continua grassando depois do não tão recente terremoto. E os rugidos da Mãe Terra, ofendida talvez com nossas interferências, vão banalizando cataclismos.

Os governos por toda parte pedem ajuda. Acaso estão empobrecidos? As grandes quantias sumiram dos tesouros, têm outra destinação que não seja a urgente necessidade do povo? Se quem ama cuida — e eu creio nisso como em poucas coisas —, não estaremos amando de menos a essa nossa gente? Não seria a melhor propaganda de bons políticos, cuidarem naturalmente de seu povo onde quer que seja?

Atender aos afligidos não seria a atitude mais natural?

Fui criada acreditando (em termos) no ser humano, que, como alguém já escreveu, é trapalhão mas não inteiramente burro; sabe ser cruel ou corre atrás de mitos idiotas, mas cria obras de arte incrivelmente belas; forma sua família, que em geral ama e protege. Busca sentido para sua atropelada existência, cria lá sua filosofia do homem comum, que todos têm, do morador de rua ao cientista.

Essa parte de mim que acredita às vezes luta para não cair na descrença e no pessimismo, antecâmaras da verdadeira morte.

Parte da humanidade conta sua fortuna, seja com a alegria da cobiça saciada, seja chorando perdas, toma seu bom café da manhã, enquanto tantos bebem água suja para acalmar o estômago, homens desesperados procuram as famílias dizimadas, e milhares de grávidas apáticas aguardam de olhos fixos um futuro vazio.

Nós, todos nós, esse sujeito contemporâneo aflito, contraditório e oscilando entre glória e danação, formamos a parte mais importante da riqueza do mundo. Nós podemos melhorar o planeta e a vida humana que se multiplica nele.

Uma dúvida continua zumbindo em torno de minha cabeça: será que a mosca afinal entrou na boca ressequida daquele bebê cuja mãe não tinha esperança ou força para seguir seu mais antigo, natural e belo instinto, e proteger seu filho — que sendo sua última riqueza, era também uma riqueza do mundo?

II | *Dos afetos*

O QUE NÃO É BANAL

O lixo na praia,
a mulher parindo na calçada,
as multidões enlouquecidas,
as ilhas dos amantes.
Por um instante
a gente desliga os aparelhos
e vive.

Na luz que se filtra na mata,
poeirinhas, polens, saliva de fada
que ri à toa,
ou caspa de duende armando suas artes.
A ventania chega atropelando tudo:
recolhem-se crianças e coisas
e se olha a tempestade atrás da janela.

Logo ali o grande mundo mói a vida
com suas engrenagens cruéis:
mas naquele momento, naquela redoma
de vidro simples na chuva cotidiana,
ali é o castelo da Bela Adormecida
ou a casa dos sete anões.

(Nada é banal.
A gente é que esquece.)

12 | *Panorama visto da infância*

Na menina que fui está a mulher que sou e vou continuar me tornando até o fim. Ali nasceram o trabalho que faço, meus relatos ou minhas invenções. Meus amores e medos, minha inesgotável busca de entendimento de todos os segredos que eu mal adivinhava ao meu redor, perto e longe.

Mas como seria o mundo quando eu o espreitava das varandas da infância, sem adivinhar (ou mal pressentindo) a violência, a maldade, a perversão, a treva que viria a conhecer mais tarde, pois inundaria minha mesa, minha casa, com notícias reais vindas de fora, mas minhas porque sou parte de tudo isso?

Naquele tempo havia uma pequena cidade, e nela a casa onde eu nasci. Embora já não seja minha, continua em mim como uma caravela em uma garrafa: uma casa dentro da memória.

Nunca mais senti aquele mesmo aroma de lençóis limpos nem o cheiro das comidas, nem escutei as vozes amadas e o crepitar das lareiras, nunca mais tive a

a riqueza do mundo | 113

mesma sensação de acolhimento, e embora hoje tenha outras vozes amadas, e minha casa e minha lareira que também crepita, nunca mais pertenci a nada com tamanha certeza.

Sou e não sou mais aquela que dormia ancorada na ordem da vida confirmada pelos cuidados da mãe, os passos do pai e os contornos do quarto.

O tempo da insônia era como atravessar a precária ponte entre o vazio e as coisas reasseguradas, sem saber se aquele Anjo da Guarda de belos olhos, no quadro sobre minha cama, conseguiria me proteger. Eu acendia a luz do abajur, botava um pano qualquer diante da fresta embaixo da porta, e estendia a mão: meus livros que foram meus parceiros e cúmplices, meus navios de muito viajar, estavam ali, e me faziam companhia.

Não sinto nostalgia dessa fase, embora tenha sido encantada: ela está preservada em mim. Está aqui à mão, para ser lembrada, e me ilumina. Mas a criança que fui também era habitada por um animal que batia os cascos impacientes querendo rebentar o cotidiano, e levantava voo na hora em que uma boa menina devia estar fazendo suas lições ou dormindo segura dos seus amores.

— O que é que tem ali?

— Não tem nada, é só um arbusto.

— Mas eu vi uma sombra se mexendo.

— É o vento nas folhas, não é nada.

— E se for uma fada?

— Não é uma fada.

— E se for uma bruxa?

— Não é uma bruxa, fica quietinha agora, ou vai pra cama já.

— Seria tão bom se aparecesse uma fada aqui pra gente, não é, mãe?

— Seria. Agora sossega.

Menina no terraço que podia também ser um penhasco sobre o mar. O mar de árvores resmunga porque tem vento. Os talos de capim roçam uns nos outros cochichando. Aqui e ali, flores, ou são estrelas-do-mar?

A voz dos sapos fazendo renda para o casamento, o clique-clique da tesoura de podar que também corta a língua das crianças mentirosas, a água da torneira no tanque, os passos na escada, e sempre árvores, árvores, tudo infinitamente o mesmo mar.

De repente a tempestade era um animal empurrando aquele súbito silêncio que fazia a avó dizer: "Olha a chuva!" E o rumor era de pedregulhos pisoteados. Um rugido baixo e distante intercalado pela respiração do bicho invisível.

A criança no terraço sente o que está vindo por cima das árvores e das águas: vem, vem, vem, vem, ela pensa, o monstro vem e se chama tempestade, e assusta e encanta ao mesmo tempo, dando uma incrível sensação de estar abrigada naquela casa.

Um fio apenas separa o agora da catástrofe: lâmina de silêncio tão precisa que entra no corpo e fura a alma de uma menina paralisada de beleza e medo. Ela fecha os olhos e inspira aquele odor selvagem, maresia ou

a riqueza do mundo | 115

terra molhada. Intervalos de silêncio de se ouvirem as agulhas dos bordados das mulheres dentro de casa.

Então tudo desaba.

O céu se fende, o mar se alteia, o vento faz ondular as copas das árvores ou as cristas das ondas.

Tudo treme sob uma trovoada mais forte, a bola de madeira que São Pedro lança para derrubar estrelas de vidro. Aqui e ali alguém arrasta no céu cadeiras eternas; os passos do Velho golpeiam as nuvens. A bola de trovões com dois orifícios para seus dedos nodosos bamboleia pela pista: estouro, lampejos, um crescendo de roncos e tremores. São Pedro contrariado resmunga e pigarreia, clarões da sua ira varam o céu.

Por fim tudo se fragmenta em mil cristais, desce retinindo sobre o jardim, gotas isoladas nas folhas e nas lajes: a chuva vem lavar a terra inteira.

De dentro da casa, a voz da mãe:

— Entra, não está vendo que vai chover? Um raio vai te atingir, sai desse terraço, entra! — E como tantas vezes comenta com alguém lá dentro: — Essa criança está sempre no mundo da lua.

•

A infância era o paraíso da curiosidade:

— Mãe, como é que se uma pessoa abre a boca e fala a outra sabe o que isso quer dizer, mesa, cadeira, nuvem?

— Sei lá, é assim e pronto.

— Mas e se de repente a gente entendesse tudo trocado, entendesse cachorro quando alguém quer dizer pessoa, agulha quando o outro quer dizer sofá, e sentasse na agulha?

A menina acha uma graça infinita dessa ideia.

A mãe olha espantada, que criança é aquela sua, com aquelas ideias?

— Mas, mãe, como é que você não sabe explicar?

— Ah, isso eu não entendo, fala com seu pai.

Na porta a menina que fui ainda se vira:

— Mãe...

— Para de perguntar, você me deixa louca. Vai ver seu pai, vai.

O pai já tinha atendido seu último cliente, o escritório era só dele, dos livros, das poltronas de couro. Bater na porta e entrar, o reino do aconchego e do conhecimento; um dia, pensava ainda, leria todos os livros e saberia todas as respostas.

— Pai, o que é isso que dentro da minha cabeça não para nunca?

— Chama-se pensamento, é como uma maquininha atrás da testa fabricando as palavras: nuvem, cadeira, mãe.

O pai fala sorrindo com seus olhos verdes por trás dos óculos. Eu nunca esqueceria aquele momento, e aquela resposta. Algo estava diferente: as pessoas à minha volta tinham rodando atrás de suas testas as mesmas engrenagens de palavras-pensamentos que eu. E, como eu, guardavam em si ideias jamais pronunciadas.

a riqueza do mundo | 117

Por um tempo imaginei que eram as palavras que produziam as coisas. Palavras tomavam a palavra e tinham voz, falavam acenando com franjas de segredos para quem soubesse escutar.

Tudo existiria primeiro dentro de cada um, antes de se montar externamente com objetos, paisagens, cores e cheiros. Árvore existe porque alguém disse "árvore"?

Foi uma das primeiras noções que tive do secreto e do sagrado de tudo que parecia tão simples ali próximo de mim. E do espaço, dos silêncios, para contemplar ou sofrer.

Na biblioteca, que também era seu escritório, no aparador da lareira, estava o relógio que meu pai tinha comprado quando estudante e ao qual continuava dando corda noite após noite, antes de dormir.

Eu, já deitada, escutava do outro lado da parede do meu quarto sua mão dar voltas na chave e preparar a engrenagem para marcar mais um ciclo: meu pai determinava que haveria um outro dia depois daquela noite. Apesar dos pesadelos, dos fantasmas que às vezes me assustavam, havia um universo ordenado, de sol e presenças, que o relógio de meu pai traria de volta na outra manhã.

Esse relógio está hoje entre livros numa prateleira deste meu pequeno escritório. Mas depois que ele morreu nunca mais permiti que nem um relógio em casa minha batesse as horas que a velhinha do tempo ia tricotando no tiquetaque das agulhas.

•

118 | *lya luft*

Brincar na calçada num fim de tarde de verão, vestido leve, às vezes pés descalços. Jogar bola, correr, brincar de roda. Por alguns momentos libertada dos cuidados intensos de meus pais, marcados pela perda de uma criancinha nascida e morta antes de mim.

O ritmo, o riso, os giros e as vozes. Dar as mãos para as meninas que me aceitavam na roda. Fazer parte, pertencer, ser igual. Mas, sobretudo, eu amava aquelas palavras mágicas. Ciranda cirandinha: o que era ciranda? Teresinha de Jesus deu um passo foi ao chão... mas só ao terceiro deu a mão. O cavaleiro que acudia seria o príncipe num cavalo dourado?

— Por que ela deu a mão ao terceiro?

— Não sei, não importa, vamos, vamos continuar a roda!

Mas o que teria de especial aquele terceiro, a quem Teresa deu a mão?

Mais roda, alegria de participar, de rir com as outras, de juntar minha voz às delas numa intimidade e confiança. Se essa rua se essa rua fosse minha, eu ladrilhava de diamantes...

Ela esquecia a brincadeira, nem notava mais as mãos suadas puxando as suas, vamos, vamos! De repente saía da roda, ficava parada na calçada, sem perceber que estava perturbando a ciranda. Então via-se andando numa rua toda calçada de pedras preciosas. Será que elas iam machucar seus pés descalços?

— Anda, para de sonhar, você está atrapalhando!

Ciranda cirandar... de novo ela saía dançando para fora da realidade.

a riqueza do mundo | 119

Nas coisas e horas mais banais, de repente eu tocava alguma coisa estranha. Comendo com a família, andando de balanço, catando besouros ou pedrinhas no jardim — súbito via tudo de dentro de uma bolha, transfigurado.

Eu era uma criança contemplando uma mancha na parede, um inseto no capim, a complicação de uma rosa — e não estava apenas olhando: eu *estava sendo* tudo aquilo. Eu era o besouro, a figura na parede, era a flor, o vento.

Uma criança é a sua dimensão, na qual o tempo, os contornos, texturas, aromas e sons são realidade e magia sem distinção.

Isso alguma vez tentei explicar com minhas palavras ainda precárias. Mas ninguém parecia entender — ou não estavam muito interessados. Então armava tudo aquilo em histórias que recitava para mim mesma como rezas de bruxas. Mais tarde compreendi que não era porque os outros estivessem desinteressados ou eu não soubesse explicar direito. Era porque pensado e real não se distinguem nem cabem em palavras: rebrilham nas entrelinhas e florescem no que nunca foi dito.

E assim me pus a escrever. Também sobre coisas duras, tristes, feias, e angustiantes. Mas para conseguir passar por esse pântano permanente sem me afogar, as memórias do tempo da inocência são como pedras em que pisamos para atravessar um rio, ainda que turvo e perigoso.

(E chamam-se alpondras.)

13 | *Família interrompida*

Tudo o que fazemos é um tatear na floresta das humanas aflições. Tentamos abrir caminhos, romper clareiras, conseguir alguma luz nesse emaranhado.

Quanto mais difícil a vida, mais complexa a sociedade e a cultura, mais importante a família, núcleo biológico e amoroso que tanto tem se transformado — como quase tudo se transforma nesta vida nossa, que não flui: dispara.

Muitos questionam a permanência da família. Quem sabe ela está acabando? O tempo dirá. Para mim ela está apenas mudando, pois mudamos nós. Os usos, os costumes, até os preconceitos mudam.

No tempo da inocência, eu pensava que o bem da família seria o desejo de todos os pais, retribuir o cuidado deles seria empenho de todos os filhos. O bem seria compensado, o mal punido.

Simples assim.

a riqueza do mundo | 121

Depois aprendi que todos carregamos nossa dor, que mesmo adultos (eu era menina) nem sempre dizem a verdade, que numa família nem todos se entendem ou se querem bem, e que esse é o animal que somos: conflitado por vezes mau, mas também frágil, belo e interessante.

Sobre ele eu escreveria pelo resto de minha vida.

O princípio inaugural de qualquer relacionamento afetivo é o velho "Quem ama, cuida": de si mesmo, da família, da comunidade, do país — pode ser difícil, mas é de uma assustadora simplicidade, e não vejo outro caminho. Amar é tentar harmonizar o dentro e o fora, o carinho e a firmeza, a alegria e a autoridade, superar cansaço e exaustão, mas sem autopiedade ou espírito de mártir. Deus nos livre, repito sempre, dos pais sacrificados que enfatizam isso mesmo anos depois de também sermos adultos: "eu que me sacrifiquei tanto por vocês".

Amar é abrir os olhos e ensinar o outro a mantê-los abertos. Não prego desconfiança básica que nos deixaria na defensiva, mas uma perspectiva menos alienada: duendes de pesadelo também se introduzem no nosso cotidiano. Nem todos os amigos, vizinhos, parentes, professores ou autoridades nos amam e nos protegem. Nem todos são boas pessoas, nem todos são preparados para sua função, nem todos são saudáveis.

Para construir de forma mais positiva nossa vida, é preciso dispor da melhor das armas, que temos de conquistar sozinhos, duramente, quando não a recebemos em casa nem na escola: capacidade de analisar, argumentar e escolher para nosso bem.

Num contexto de ruptura, no meio dessa tempestade que pode se arrastar e complicar cada vez mais, esperam-se posturas nada fáceis (falo especialmente dos adultos e filhos crescidos): bom-senso, bondade, capacidade de entender e observar, e desejo real de, apesar dos fatais desacertos, buscar para si e para os outros envolvidos o sofrimento menor.

Afetos são laços, podem ser algemas, podem escravizar e deformar ou ajudar a crescer e voar. A mesma relação pode mudar, e geralmente muda no correr do tempo. Às vezes a alegria vira tormento, o que encantava provoca repulsa. E a pessoa que amávamos tanto nos irrita até pelo tom de voz quando nos chama.

Quando tudo fica insuportável e o convívio se transforma num ringue de batalhas físicas ou verbais, talvez seja a hora de pensar em mudar: vem a ideia da separação.

Para alguns, algo quase normal, "todo mundo separa, o que é que tem?"; para outros, um momento traumatizante e triste.

Separação é um mal necessário, dizem.

Mas sempre um mal, quando se envolvem filhos.

(Agora haverá quem pense que enlouqueci, estou passando dos limites, virei conservadora, puritana, antiquada. Pois somos modernos, estamos liberados, ninguém tem de aguentar uma relação que ficou chata — nem falo em cruel.)

Tudo ficou fácil.

a riqueza do mundo | 123

Talvez fácil demais.

Porque não temos paciência, porque achamos que temos direito à felicidade — seja ela o que for —, porque a gente hoje quer e pode curtir, e porque isso de amor eterno e casamento para sempre já era, alguns separam logo que a situação exige busca de entendimento. Alguns jovens casais juntam e separam e juntam e separam (em geral fazem filhinhos) com enorme rapidez, na ilusão de que está tudo bem, as crianças se acostumam com a nova família, tudo numa boa.

Muitos caem fora apenas porque estão insatisfeitos ou entediados, e com preguiça de se envolver mais, de tentar, de escutar ou dialogar.

Sempre fui favorável a não curtir sofrimento inútil em longos casamentos onde imperam frieza e hostilidade, e se acumula o rancor que envenena sobretudo os filhos. Nem em nome deles, acredito, casais assim deveriam ficar juntos. E às vezes, realmente, a reconstrução da vida com novos parceiros e possivelmente seus filhos é antes uma abertura do que um sofrimento. Eu mesma tenho dito que o convívio nessas novas famílias pode multiplicar laços de afeto e ensinar mais tolerância e modos de se relacionar, ainda que complicados, e favorecer um exercício de compreensão e tolerância — também de parte dos filhos de qualquer idade com relação aos adultos.

Pois pai e mãe têm seus problemas e dilemas, precisam de apoio, afeto, respeito, às vezes paciência. São apenas, como qualquer um, humanos.

Filhos em geral, especialmente os mimados demais, tendem a esquecer isso. Pais são ícones, congelados no imaginário nosso. Papel que não desejam, mas a vida lhes impõe, como um cortejo de obrigações nem sempre possíveis, nem sempre agradáveis, nem sempre libertadoras.

•

Mas toda separação abre feridas que podem não se fechar mais ou deixam cicatrizes. Evitar isso, ou abrandar isso, exige maturidade, bondade, respeito por si e pelo outro.

Nem sempre é assim. Separar produz na maioria dos casos uma avalanche de sentimentos contraditórios. Difícil imaginar que os filhos, pequenos ou adolescentes, sejam imunes a tão drásticas mudanças, se adaptem depressa e façam dos eventuais novos moradores da casa amigos queridos.

Aceitar que pais já não moram juntos, que temos de nos afastar de um deles, a quem veremos em dias marcados, há de ser bem difícil, quase incompreensível para os menores. É bom lembrar sempre que separação de casal não é escolha ou decisão dos filhos. São escolhas dos pais, separar, assumir novo parceiro ou parceira, que possivelmente traz seus próprios filhos. É desejo dos pais, ou sua necessidade, não dos filhos, criar um forçado convívio, que pode botar em movimento uma dolorosa gangorra emocional.

a riqueza do mundo

Culpas infundadas crescem como cogumelos, buracos traiçoeiros abrem-se no chão fundamental sobre o qual caminhamos: o convívio natural, a família. As tempestades de fora e dentro podem nos fazer esquecer isso, em casos que envolvem tantos problemas e dilemas.

Pois os filhos se importam, sim. Querem solidez, sim. Querem família e pais unidos, sim. Melhor separar do que viver brigando? Também a resposta às vezes é sim.

É comum observar que a criança de pais separados, que talvez nem os tenha conhecido juntos, continua desenhando sua família com pai, mãe, filhos, em frente da casa (mesmo que vivam em apartamento). Os nossos arquétipos ainda nos mostram mãe doméstica, pai no comando, e avó tricotando com um gato aos pés?

Espero que não. Mas certamente não queremos laços desfeitos com ódio, vingança, desejo de destruição. A discórdia é um péssimo modelo para os filhos, quase tanto quanto a traição, a humilhação, as agressões.

Então, apesar da liberalidade, da modernidade, da ajuda das terapias mais variadas e da boa vontade geral — quando ela existe —, quem sabe a gente começa a olhar mais, pensar mais, ponderar mais, e tentar as maneiras mais brandas, mais amorosas, de tirar o tapete debaixo dos pés dos meninos.

14 | *Canção de mãe e de pai*

A *mãe:*

Que nossa vida, meus filhos, tecida de encontros e desencontros como a de todos, tenha por baixo um rio de águas generosas, um entendimento acima das palavras e um afeto além dos gestos — algo que só pode nascer entre nós. Que quando eu me aproxime, meu filho, você não se encolha nem um milímetro com medo de voltar a ser menino, você que já é um homem. Que quando eu te olhe, minha filha, você nunca se sinta criticada ou avaliada, mas simplesmente adorada como desde o primeiro instante.

Que quando se lembrarem de sua infância, não recordem os dias difíceis (vocês nem sabiam), o trabalho cansativo, a saúde não tão boa, o casamento numa pequena ou grande crise, os nervos à flor da pele... aqueles dias em que, até hoje arrependida, dei um tapa que até agora dói em mim, ou disse uma palavra injusta. Lembrem os deliciosos momentos em família, as risa-

a riqueza do mundo | 127

das, as histórias na hora de dormir, o bolo que não ficou bom mas vocês pequenos comeram dizendo que estava maravilhoso.

Que pensando em sua adolescência não recordem minhas distrações, minhas imperfeições e impropriedades, mas as caminhadas pela praia, o sorvete na esquina, a lição de casa na mesa de jantar, a sensação de aconchego sentados na sala cada um com sua ocupação.

Que quando precisarem de mim, meus filhos, vocês nunca hesitem em chamar: Mãe! Seja para prender um botão de camisa, ficar com uma criança, segurar a mão, tentar fazer baixar a febre, socorrer com qualquer tipo de recurso, ou apenas escutar alguma queixa ou preocupação. Não é preciso constranger-se de serem filhos querendo mãe só porque também já estão grisalhos, ou com filhos crescidos, com suas alegrias e dores como eu tenho e tive as minhas.

Que independendo da hora e do lugar, a gente se sinta bem pensando no outro.

Que essa consciência faça expandir-se a vida e o coração, na certeza de que aquela pessoa, seja onde for, vai saber entender; o que não entender, vai absorver; o que não absorver, vai enfeitar e tornar bom.

Que quando nos afastarmos isso seja sem dilaceramento ainda que com passageira tristeza, porque todos devem seguir seus caminhos mesmo que signifique alguma distância: e que todo reencontro seja de grandes abraços e boas risadas. Esse é um tipo de amor que independe de presença e tempo. Que quando estivermos

128 | *lya luft*

juntos, vocês encarem com algum bom humor e muita naturalidade se houver raízes grisalhas no meu cabelo, se eu começar a repetir histórias, e se tantas vezes só de olhar para vocês meus olhos se encherem de lágrimas: serão apenas de alegria porque vocês estão aí.

Que quando eu parecer mais cansada, vocês não tenham receio de que agora eu precise de mais ajuda do que vocês podem me dar: provavelmente não precisarei de mais apoio do que seu carinho, sua atenção natural e jamais forçada. E se precisar de mais que isso, não se culpem se por vezes for difícil, ou trabalhoso ou tedioso, se lhes causar susto ou dor: as coisas são assim.

Que se um dia eu começar a me confundir, esse eventual efeito de um longo tempo de vida não os assuste: tentem entrar no meu novo mundo, sem drama nem culpa mesmo quando se impacientarem.

Toda a transformação do nascimento à morte é um dom da natureza, e uma forma de crescimento.

Que em qualquer momento, meus filhos, sendo eu qualquer mãe, de qualquer raça, credo, idade ou instrução, vocês possam perceber em mim, ainda que numa cintilação breve, a inapagável sensação de quando vocês foram colocados pela primeira vez nos meus braços: misto de susto, plenitude e ternura, maior e mais importante do que todas as glórias da arte e da ciência, mais sério do que as tentativas dos filósofos de explicarem os enigmas da existência.

A sensação que vinha do seu cheiro, de sua pele, de seu rostinho, e da consciência de que ali havia, a partir

a riqueza do mundo | 129

de mim e desse amor, uma nova pessoa, com seu destino e sua vida, nesta bela e complicada terra.

E assim sendo, meus filhos, vocês sempre terão me dado muito mais do que esperei ou mereci ou imaginei vir a ter.

•

O pai:

Filhos, olhando de fora (eu sempre me senti um pouco "de fora" em nossa casa), num momento de quietude no tumulto da minha vida, vejo quantas vezes não estive lá quando vocês precisaram de mim, ou quando simplesmente teria sido tão bom compartilhar: o boletim na escola, a namoradinha, a mãe meio irritada, a briga entre irmãos, o sonho da pescaria, a dúvida quanto a seu próprio corpo, fatos que mereceriam uma conversa "de homem para homem".

Coisas importantes e desimportantes: todas valem quando se trata de uma relação como a nossa. Como a que eu na verdade quis ter, e consegui tão pouco.

A vida — não é desculpa, mas explicação — foi agitada, estressante, muita pressão, eu o provedor nem sempre bem pago, nem sempre seguro, nem sempre muito valorizado, correndo atrás do que poderia lhes proporcionar. Eu, criado para ser competitivo e competente, não para ser amoroso e terno. Eu, homem comum, educado para ser forte, não para ser feliz.

Mas não era só isso, admito: o chope com amigos às vezes era mais divertido do que chegar em casa com filhos brigando por bobagens, mulher cansada reclamando, o prato pronto no forno, a falta de carinho e alegria: não porque a gente não se amasse mais, mas porque o cotidiano pode banalizar tudo de uma maneira dramática, e nós não sabíamos como evitar isso.

Vocês são a coisa mais importante de minha vida, e mesmo que já sejam homens, por sua vez com filhos, ainda os vejo como meus meninos, a quem ensinei algumas coisas, para quem comprei a primeira bicicleta, o skate, a quem levei para surfar pela primeira vez. Verdade que depois nunca mais tive tempo (ou interesse?) de me parar na praia para aplaudir os seus progressos, e disso eu também me culpo.

Não entendi, por jovem, arrogante, tolo e superficial, que amar não é só botar dinheiro em casa, mas cuidar na hora da febre, ir à escola para falar com o professor, jogar bola no fim de semana em vez de dormir exausto o tempo todo, contar piada, abraçar, elogiar. (Inventar tempo para estar junto, e levar uma vida que possa servir de exemplo ou de estímulo para aqueles que botamos neste mundo e estão aos nossos cuidados durante tantos anos.)

Vejo agora que, mesmo achando vocês formidáveis, eu os elogiei muito pouco. Mesmo amando tanto, eu os abracei muito pouco.

Homens em geral são educados para ficarem de fora de uma zona de felicidade que só quem tem uma famí-

a riqueza do mundo | 131

lia pode conhecer, só quem tem filhos pode realmente curtir. Somos preparados para sermos eficientes, e se possível importantes — não felizes. Não é uma desculpa, mas é uma explicação.

O que podíamos ter tido de melhor, o convívio, a amizade, o tesouro das memórias alegres, a segurança do afeto, perdeu-se, e foi em parte por minha causa.

Posso ver ainda a decepção nos seus olhos, meus filhos, quando comuniquei que aquela pescaria não ia sair. Não era por motivo grave: eu apenas preferi ir ao jogo de futebol com meus amigos. Vejo a mesma decepção quando combinamos que eu iria assistir a uma competição na escola, e na hora estava cansado demais, fiquei dormindo em casa.

A mãe de vocês comparecia, mesmo trabalhando fora ela conseguia tempo, mesmo exausta ela se arrumava e ia, mas aquilo era coisa de homens: era a mim que vocês queriam ver lá, torcendo junto com os outros pais.

E eu falhava por não poder sequer avaliar a importância que aquela cumplicidade teria em nossas vidas. Por não me permitir tempo de ser pai: eu era um trabalhador, um operário ou um empresário, aquilo não era mais importante, mas eu agia como se fosse: quanta coisa não curti, desperdicei, perdi.

Espero que vocês façam diferente. Que busquem muito mais ser amorosos e felizes do que competitivos e bem-sucedidos, que valorizem mais os afetos do que as aventuras, que, com seus filhos, deem presença mesmo quando não puderem dar grandes presentes.

Que sejam amigos, interessados, cuidadosos e leais. Que sejam verdadeiros. Que saibam escutar e abraçar, aconselhar e até se zangar quando for preciso, pois a indiferença pode ser pior do que um castigo.

Que pensem de vez em quando em seu pai como alguém que, em todas as suas trapalhadas, timidez ou reserva, tem em vocês seu maior e melhor motivo de alegria.

Pois mesmo não tendo eu sido o pai que poderia e deveria ser, vocês, como pessoas, são incrivelmente melhores do que eu jamais imaginei que eram.

a riqueza do mundo | 133

15 | Adolescência, desafio de todos

(Preâmbulo: atenção! Nem todos os pais são omissos, nem todos os mestres despreparados, nem todos os adolescentes difíceis, nem todas as autoridades calhordas: só deixando isso claro posso continuar.

Fiquei surpresa quando uma entrevistadora disse que em meus textos trato os jovens como arrogantes e mal-educados.

Sinto muito: de novo, essa não sou eu. Lido com palavras a vida toda. Foram uma de minhas primeiras paixões, mas ainda me intimidam pelo misto de comunicação e confusão que causam, como nesse caso. A quantidade de mal-entendidos a meu respeito, porque ou eu fui obscura ao escrever ou alguém foi precipitado ao ler (e julgar), é impressionante.

Dos jovens sempre falo com simpatia. Com cumplicidade. Como quem gosta de criança e de adolescente.

a riqueza do mundo | 135

Sou muitas vezes autorreferente, por achar que isso simplifica e exemplifica o que quero dizer. Então: tenho sete netos e netas. A idade deles vai de 6 a 22 anos. Com alguns convivo mais, outros vejo muito menos do que meu amor deseja. Mas todos estão sempre presentes em mim, todos são motivo de alegria e esperança, todos compensam, com seu jeito particular de ser, qualquer dedicação, esforço, parceria e amor da família.

Talvez por isso, e pelos filhos que tive, e por tantos jovens e crianças que conheço, não tenho uma visão negativa da juventude com sua euforia e sua perplexidade, da adolescência com suas complicações naturais, muito menos da infância com todo o seu possível encanto — se nos adultos permitirmos.

Tenho refletido sobre quanta coisa — ao lado das positivas, que geram entusiasmo — deve ser difícil para a meninada desta época em que nós, adultos e velhos, lhe damos tantos maus exemplos. Autoridades fracas, figuras públicas corruptas, alguns ídolos com vidas promíscuas e entregues às drogas. Pais irresponsáveis e imaturos, ou desinteressados que desperdiçam tempo com coisas desimportantes, negligenciam a família, esquecendo que *quem tem filho é responsável*, ah sim.

Somos devedores desses meninos todos, pela maneira como os preparamos, e pelo mundo que lhes estamos legando.

Ao contrário do que se imagina, nós lhes pregamos uma peça maldosa com essa exaltação da sua fase de vida como se só ela tivesse importância, e, pior que isso, direitos.

Nós os tratamos como pequenas majestades ou ídolos que nos intimidam — nem os vemos como são, nem os tratamos como precisam. A atual onda pouco inteligente de exaltar infância e adolescência em lugar de as encarar com atenção e interesse, e de lhes dispensar os essenciais cuidados, acaba tão prejudicial quanto oprimir e aprisionar.

Endeusando-os, nós nos eximimos de cuidar deles com carinhosa autoridade. Estamos ignorando e desrespeitando sua maneira de ser, sua natural onipotência, sua até comovente arrogância, o perigoso sentimento de invulnerabilidade — tudo isso mesclado com insegurança, dúvidas, aflições que nem sempre percebemos, e raramente ajudamos a superar.

Adolescentes podem ser difíceis, pois estão numa fase difícil: exercitando suas asas ainda não treinadas, expostos a uma sociedade superficial, que não se interessa muito por eles. Mas é muito estimulante observar essa pessoa — que é um adolescente, assim como é uma criança (atenção, crianças são pessoas) — ensaiando seus passos num terreno novo, aparentemente sem fronteiras, enganoso, quando não cruel, no qual as individualidades, capacidades e limites pouco importam.

•

Não sou especialista no assunto. Observo, porque observo a vida. Tenho empatia com a juventude, exposta a nossas maduras confusões e trapalhadas, muitos adultos sem vontade de exercer a mais básica autoridade — sem a qual a família se desintegra, a escola escandalosamente falha, e a sociedade é cúmplice por omissões e enganos.

Um dos problemas de lidar com crianças ou jovens é que todos somos únicos. Cada um com seus segredos, sua força e sua dor.

Há os mais alegres, para quem a vida é e será mais fácil; são espontâneos, têm sua tristeza e sombras, mas neles predomina o lado ensolarado. Outros são extremamente complicados, alternam euforia e depressão; a insegurança é sua marca, que tentam esconder com barulho e arrogância, alguns simplesmente com má educação — em casa ninguém lhes deve dar a dádiva de autoridade amorosa, e dos necessários limites.

Pais atordoados pela avalanche de receitas, informações, às vezes psicologias enganosas, criaram uma espécie de novo fantasma: a dominação pelas crianças que mandam neles, e pelos adolescentes que por nervosismo (ou falta de educação) riem deles.

Mas nós não podemos rir deles: temos de levá-los muito a sério, mesmo quando as aflições, dúvidas, insegurança e nossas omissões ou trapalhadas, suas mudanças hormonais e a insensatez da nossa sociedade os deixam confusos.

Um dos dramas possíveis é que quase todos estamos sobrecarregados de trabalhos e compromissos, às vezes além do necessário; a figura da mãe que não trabalha fora passou a ser criticada, e dificilmente alguém tem coragem de dizer: eu quero ficar em casa com meus filhos pequenos, mesmo perdendo meu lugar no mercado de trabalho, mesmo correndo o risco de ficar de fora dos grandes assuntos do momento.

Assim pai e mãe voltam para casa caindo de cansados, natural e compreensivelmente sem vontade ou paciência de conversar, muito menos com os filhos. E como conviver com pessoas em fase aguda e crucial de desenvolvimento, que são os adolescentes? Cada casal, cada família, terá de criar seu jeito, administrar sua circunstância, sem modelo nem receitas. Menos simpática do que os exaustos e sobrecarregados de trabalho é a turma de pais e mães que só pensam em ser jovens, modernos, amiguinhos dos filhos, querendo viajar, dançar, mil aventuras, esquecendo ou não sabendo o que pensar sobre responsabilidade, atenção, cuidados que uma família exije.

•

O que fazem os que deveriam ser, além de cuidadores, líderes e modelos dessa tropa adolescente ou, antes disso, infante?

A ideia de ser exemplo é desconfortável, mas é o que acontece quando se tem filho, ou se assume um cargo ou poder, ou quando nos tornamos figuras populares, como atletas e artistas.

Quem são os ídolos mais próximos desses jovens? Os que representam alguma espécie de tribo, com atitudes

a riqueza do mundo | 139

tribais: o piercing, a tatuagem, a dança na batida dos tantãs. Negativa? Censurável? Necessária para muitos, a tribo é onde se sentem abrigados, aceitos. A tribo não é ruim: faz parte dessa fase. A questão é saber escolher a tribo, e o que fazer nela, até que ponto participar, e do que participar. A questão é também o que vemos, esperamos, buscamos fora e além disso — que habitualmente nos é dado ou deveria ser mostrado pelos adultos que nos rodeiam. (Isso inclui algumas figuras públicas que nem receberíamos em casa.)

A meninada, querendo ou não, é crítica e nada tola, sempre pronta a nos pegar num passo em falso. Por outro lado, queiramos ou não, olha para nós adultos buscando um modelo a imitar ou (mais frequentemente) um objeto a censurar. A gente alisa a roupa, ajeita o cabelo, pigarreia, mas precisava arrumar a compostura interior e os amassados na alma.

Quero deixar claro que nem todos estão paralisados, que muitas famílias saudáveis criam em casa um ambiente de confiança e afeto, de alegria, onde a gente gosta de estar, e para onde, depois de independente, retorna para reforçar velhos laços. Muitas escolas conseguem impor, com afeto e respeito, a ordem e firmeza essenciais para que qualquer organização ou procedimento funcione. Nem todos os políticos são corruptos, nem todos os governantes são negligentes com seu povo. Mas aqui estou abordando mais problemas do que acertos.

A adolescência — para quem por ela de verdade se interesse — precisa antes de tudo crescer. Desenvolver-se com tudo o que isso traz de dor e dificuldade, euforia e descobertas. Tem de amadurecer, para aparecer: escrevo isso sem ironia. Juventude tem de ser, como as crianças, amada, escutada, observada, orientada quando precisa, ajudada quando deseja, ter em casa uma boa acolhida mesmo quando há disputas e dissenções normais, e ter na escola não gente boazinha que tudo permite e pouquíssimo exige, mas quem a prepare para a vida lá fora, que não é colo de mãe nem mão de professora-tia.

Não acho que todos os jovens sejam arrogantes, todas as crianças mal-educadas, todas as famílias disfuncionais. Um pouco da doce onipotência desse início de vida é natural, pois os jovens precisam desse ímpeto para romper laços, transformar vínculos (não cuspir em cima deles) e se tornar adultos — lançados a uma vida na qual reinam desigualdade social, toneladas de preconceitos, competitividade cruel, problemas de mercado de trabalho, e uma sensação de vale-tudo geral que nos tira a firmeza.

Querer bem a um adolescente é uma das formas mais desafiadoras de amor. E nada compensa tanto isso quanto um olhar afetuoso, um abraço desajeitado, e qualquer conquista desses seres humanos tão complexos quanto encantadores, exasperantes às vezes, outras enternecedores, merecedores da nossa maior atenção.

(E da memória de quando nós éramos assim.)

a riqueza do mundo

16 | *O aprendizado amoroso*

Seguindo o fio do capítulo anterior, procuro ser aberta ao novo, ao que me agrada no novo e também ao que exige tempo para ser assimilado. Eventualmente não sabemos se vale a pena ou não, então a gente fica humilde e espera.

Uma novidade (para mim) espantosa, narrada e confirmada em mais de um lugar no país, é dessas que não quero assimilar. Se possível, enterrava numa cova funda, varria embaixo de mil tapetes, fazia de conta que não existe: o sexo (ou simulacro de sexo) sem encanto, sem afeto, sem tesão, ao qual são coagidos pré-adolescentes, quase crianças, em famílias de classe média e alta, essas que pensamos estarem menos expostas às crueldades da vida.

As crianças e os adolescentes mudaram com as transformações do mundo e da sociedade, ou mudou o modo como são criados, tratados, vistos? O jeito como os amamos? Nosso receio de lidar com eles, nossa insegurança?

Se não prestarmos atenção, uma atenção amorosa, a infância hoje dura poucos anos. Cedo começam a ser miniaturas de adultos, sobretudo as meninas de salto alto, cabelo tingido, maquilagem e trejeitos de pequenas modelos. (Alimento para a alma doente dos pedófilos.)

Pré-adolescentes muitas vezes iniciam uma pseudovida sexual sem ideia do que lhes acontece. Os pais, supostamente modernos ou moderninhos, ou não sabem o que dizer ou dizem demais cedo demais — ou pela sua própria atitude provocam nos filhos uma sexualidade precoce e atônita. Talvez não precisem comer lixo, correr das balas dos bandidos, suportar brutalidades e incestos, tanto quanto os mais desvalidos.

Seu mal vem sob outro pretexto: o de ser moderno e livre, ser aceito numa tribo, causar admiração ou inveja, e não ter quem lhes dedique o necessário cuidado, sem tudo negar nem tudo permitir.

Pais e educadores às vezes têm de enfrentar o que antes lhes parecia impensável. Que ocorre eventualmente em festinhas nas quais servem álcool (ou os meninos pagariam mico diante dos outros, e assim convencem os pais confusos), não há nenhum adulto por perto (seria outro mico, e assim chantageiam os pais omissos), e ninguém imaginaria o que vai rolar.

Pode rolar coisa assombrosa sob o signo da falta de informação, autoridade e ação paternas. Nem sempre, mas acontece. Crianças bêbadas no chão do banheiro de clubes chiques ou salões de festa de condomínios caros, adultos cuidando para não sujar o sapato no vômito não são novidade (ambulância na porta, porque alguma dessas meninas ou meninos passa mal de verdade).

Num convívio sem afeto, e sem emoção, a aposta em geral é: Quantas bocas (não meninas) consigo beijar numa festinha dessas? Em quantos meninos consigo fazer sexo oral?

Não há tempo ou ambiente para um natural aprendizado amoroso, que passa pelas fases de ignorância e medo, entendimento e superação, mistério e descobertas, controle e alegria. O sexo precoce vai congelando as emoções, traz doenças venéreas, quem sabe uma absurda gravidez — interrompida num aborto de sérias consequências nessa idade, ou mantida numa criança que vai parir uma criança.

Dados recentes demonstram que, em lugar de diminuir, cresce a cada ano o numero de meninas de 12 a 14 anos grávidas.

"Roubaram a sexualidade desses meninos", me diz uma experiente terapeuta. Não deixaram tesão nem emoção, mas uma espécie de agoniado espanto nessas criaturas inexperientes que descobrem seu corpo da pior maneira, ou aprendem a ignorá-lo, estimuladas ou coagidas por indiferença ou fragilidade familiar, pelo bombardeio de temas escatológicos que nos assola na tevê e internet, com cenas grotescas, gracejos grosseiros em torno do assunto — "valores" e "pudor", hoje palavras tão arcaicas.

Efeito da pressão de uma sociedade imbecilizada pela ordem geral de que ser moderno é liberar-se cada vez mais, sem saber que mais nos aprisionamos. Precisamos estar na crista da onda em tudo, tão longe ainda

a riqueza do mundo | 145

da nossa vida adulta: sendo as mais gostosas e os mais espertos, desprezando os professores e iludindo os pais, sendo melancolicamente precoces em algumas coisas e tão infantilizados e ignorantes em outras, nisso incluindo nosso próprio corpo, emoções, saúde.

A sexualidade raramente foi tão badalada e banalizada, e por outro lado tão questionada como agora, sobretudo porque perdemos os parâmetros: limites, sim ou não? Muito ou pouco? São um mal, são um bem? O que é natural, o que deve ser preservado e vigiado?

E o velho bom-senso, como anda? Envelheceu. Nós o deixamos de lado como uma carga inútil. Agora, queremos receitas e teorias.

A educação amorosa, que começa quando se nasce, faz parte da educação geral, em casa e na escola. Não devia ser preciso haver aula de educação sexual nas escolas (espero que em todas haja), mas estar numa família ou numa sala de aula seria preparar-se para a vida. Pois o amor também se aprende, cheio de urgência e medo, e mistério, e mil pequenas descobertas sobre o outro e sobre nós mesmos. Não termina nunca, esse aprendizado, e mesmo quando velhinhos, quem sabe sem sexo, a intimidade, a cumplicidade, a confiança, o conforto da outra presença podem nos revelar todos os dias algo novo, e bom.

É difícil, mas a gente precisaria inventar um movimento consciente e responsável contra essa onda sombria que quer transformar nossas crianças em pobres duendes pornográficos que nem sabem direito o que fazem, nem o que esta sociedade nossa faz com eles.

17 | *Velhice: why be normal?*

Numa cultura ambígua, velhice é um dos assuntos controversos. Uns são radicalmente contra: "ficar velho nem pensar", como se pudéssemos deter o fluxo da vida e o ritmo do tempo, sendo jovem até o fim, não importa o sacrifício. Vale a ilusão.

Outros logo se resignam: velhice é isso, é feito doença, é chato, é ruim, é feio, e precisa aceitação, ficar quietinho, nada de se aventurar, nada de moda, nada de invenção. Esperar o fim com dignidade e sem alvoroço. E não incomodar, por favor.

Eu acho que a velhice reencontra algo da infância, não só quando limitados por alguma doença neurológica ou memória enfraquecida, mas pela capacidade de achar graça de coisas que ninguém entenderia.

Só, talvez, uma criança.

Sou dos teimosos que não ligam necessariamente velhice a tristeza — pelo menos não como se fosse privilégio dessa fase —, embora traga perdas: para alguns, de músculos ou dentes; para outros, de agilidade; para

a riqueza do mundo | 147

quase todos, de pessoas amadas. Mas ela também pode devolver algo da liberdade perdida nos anos em que tínhamos de nos enquadrar para merecer respeito ou salário. Era preciso mostrar serviço, cumprir muitos compromissos, assumir enormes encargos, provar uma série de coisas, a começar para nós mesmos.

O perigo é quando essa liberdade significa novas obrigações, algumas inadequadas: ser moderno, ser jovem (isto é, não envelhecer, isto é, não ser natural), ser muito ativo, e quem sabe a obrigação de ter uma vida sexual que muita gente nem aos trinta conseguia ter e manter.

Na obsessão pelo sexo e ânsia por juvenis fantasias que andam nos assolando, não deixamos nossos velhos em paz nem na sua intimidade talvez gostosa, talvez tranquila: seja como for, ela não é da conta de ninguém. Mas quem diz que ainda temos ou concedemos privacidade ao outro? A moda é vasculhar, bolsos, gavetas, lençóis, as últimas pregas da alma.

Tempos atrás o sexo depois da juventude era considerado grotesco (papai e mamãe só transaram para a gente nascer). Hoje vai se tornando dever de todos. Aos setenta, oitenta, quem sabe noventa anos, temos de transar, ah sim, sexo dá saúde e energia, evita rugas, promove felicidade.

E lá se vão os pobres velhos, quando seus hormônios finalmente se tranquilizaram, a tomar doses nada homeopáticas dos mesmos hormônios, porque a velhice não é permitida com naturalidade. Tem de ser injetada, operada, repuxada, para que se pareça com a juventude da qual se torna simulacro.

Nada contra o sexo na velhice, por favor. (Ele me deixa desconfortável ou indignada quando se relaciona com pré-adolescência, por exemplo.) Que esse não seja mais um dos folclores inventados a meu respeito. Mas que seja natural, jamais forçado. Há velhos que levam uma boa e saudável vida sexual até muito tarde. Sem pressão. Há velhos que bem mais cedo esgotaram sua cota, amam-se com ternura e cumplicidade intensas, mas sua atividade sexual cessou.

Por que não? Por que não os deixamos tranquilos? Por que esse dever de uma atividade incessante em todos os sentidos, se nem a todos ela traz alegria? Mas nós os queremos ativos, participantes, atualizados. Paz é na sepultura, a gente lhes diz sem pensar.

Porque nós, ah, nós somos exemplo e modelo de como é ser moderno: agenda carregada, filhos a criar, casa a sustentar, cargo a almejar, competição a ganhar, rugas a alisar, tempo a enganar, e quem sabe alguém para lograr a fim de tirar alguma vantagem. Temos medo dos movimentos da Bolsa, um pedófilo espreita nossas crianças na esquina ou na internet, escutamos ecos da guerra mais distante, um terrorista pode aparecer no nosso avião. Todo mal é possível. O bem, a beleza, o afeto, a relativa serenidade são privilégio de deuses.

Perdemos a inocência.

Saltitantes, não teremos calma para ler uma página interessante, observar uma árvore na ventania, valorizar

a riqueza do mundo | 149

o olhar interrogativo de um adolescente, escutar a aflição na voz de um amigo ao telefone.

E nos perdemos perdendo tempo, alegria e momentos bons, até que enfim, com seu toque de bruxa boa, a velhice virá nos devolver um pouco da disponibilidade, e do olhar mágico — mais real do que a realidade —, que os anos de eficiência e realizações haviam nos roubado.

•

Pensei em tudo isso quando chegou o dia dos meus setenta anos. No século em que a maioria quer ter vinte anos (trinta a gente ainda aguenta), eu estava fazendo setenta. Pior: achando uma certa graça nisso, pois ainda escuto em mim as risadas da menina que queria correr nas lajes do pátio quando chovia, que pescava lambaris com o pai no laguinho, que chorava em filme do Gordo e o Magro, quando a mãe a levava à matinê. (Eu chorava alto com pena dos dois, a mãe ficava furiosa.)

É intrigante como encaramos a passagem do tempo: tem a ver com o jeito como pensamos na vida. Se a gente a considera uma ladeira que desce a partir da primeira ruga, ou do começo de barriguinha, viver é uma doença que acaba na morte.

Nessa festa sem graça, quem fica animado, quem não se amargura?

Se a consideramos um processo, uma transformação até o último instante, podemos ter curiosidade com rela-

150 | *lya luft*

ção a isso, e encarar cada dia como uma dádiva a ser curtida, mesmo nas horas de sombra: tudo é vida.

Então, o meu aniversário: primeiro pensei numa grande celebração, eu que sou avessa a badalações e gosto de grupos bem pequenos. Mas pensei, setenta vale a pena! Aos poucos fui percebendo que hoje em dia setenta anos é uma banalidade. A gente facilmente faz oitenta, noventa, ainda ativo e presente. Decidi reunir filhos e amigos mais chegados (tarefa difícil, escolher), e deixar aquela festona para outra década. Possivelmente para assombro das mesmas pessoas que ficaram agoniadas quando anunciei que eu estava construindo uma casinha na montanha.

"Na sua idade?", foi o comentário mais comum e menos animador. E me olhavam como se eu dissesse que estava tendo aulas de balé ou aprendendo a andar no arame.

●

(Pois, se nos querem conformados e quietos, sem causar problema, por outro lado, quando queremos ainda ser independentes e ativos, muitas vezes aparece quem queira nos podar: fique quieto, não more sozinho, não é mais hora de dirigir seu carro, de viajar, não fique inventando modas, sossegue!)

Me consolei quando naqueles dias uma de minhas netas comentou: "Você é a pessoa mais divertida que conheço, é a única avó do mundo que sai para comprar uma fruta e volta com um cachorrinho".

a riqueza do mundo | 151

Era verdade.

Se sou divertida não sei, mas gosto que minhas crianças não me vejam como a chata que se queixa, reclama e cobra, mas como aquela que de verdade vai comprar a fruta que o marido mais gosta, andava de novo pensando num "pug", entra na loja de animais quase ao lado do mercado.

Por um acaso singular — pois não são cachorros muito comuns —, havia ali um filhotinho que voltou comigo para casa em lugar da fruta, e virou mais uma alegria. "Dá uma trabalheira", me avisou alguém de mal com a vida — desses que sempre acham que casa nova, outra viagem, cachorrinho novo, qualquer coisa boa e estimulante, nessa idade não é normal.

Respondi como respondia cada vez que filha ou nora ia parir, e aparecia quem torcesse o nariz e a alma: "Uma trabalheira pode ser, mas muito mais alegria".

"Why be normal?" dizia o adesivo que amigos meus mandaram fazer há muitos anos, e colocamos em nossos carros, só pela diversão — pois no fundo não queria dizer nada além disso: em nossas vidas atribuladas, cheias de compromissos, trabalho, pouco dinheiro, cada um com seus ônus e bônus, a gente podia cometer alguma transgressão inocente e engraçada, como ter aquele adesivo no carro.

•

A alma é sujeita a terremotos e tempestades: para se estabilizar precisa de projetos e afetos. E de acreditar em alguma coisa.

O projeto pode ser a reconciliação com o filho que nos magoou, com o pai a quem relegamos quando não nos podia mais sustentar, com a sogra a quem tratamos mal, com a velha mãe com quem andamos perdendo demais a paciência.

Pode ser também recuperar um pouco da irreverência da juventude, ou aquele olhar da infância que vislumbra no meio das árvores uma asa de fada. Ou aceitar o convite das crianças e comer pizza num lugar especial, usando chapéu de bruxa.

Não há por que deletar a alegria. Os filhos adultos com suas famílias, sobretudo crianças, são pura claridade. O ruído da chave na porta, anunciando que o parceiro chega em casa, coloca todas as peças da vida em seu lugar.

Essa é a grande celebração de fazer setenta anos.

(Com sorte será assim aos noventa. Porque tudo são fases do mesmo singular fenômeno: a vida.)

O presente que estou me dando nesse aniversário é o riso possível: quem não for capaz de uma boa risada, daquelas em que se levanta o rosto, aperta os olhos (formando umas lindas rugas divertidas) e ri abertamente, até de alguma traquinagem da gente mesma, trate de aprender. Pois não sabe o que está perdendo.

Se o "normal" a esta altura da vida for ser composto, grave, possivelmente melancólico e resignado, quieti-

a riqueza do mundo 153

nho no seu canto, ou submisso, metido em roupas velhas e folheando velhos álbuns, sinto muito: não serei eu.

E de presente para todos os emburrados chatos cobradores insatisfeitos eternos reclamadores, sugiro a frase dos meus amigos, que aliás vou mandar fazer de novo num adesivo, e colar no meu carro (sim, eu "ainda" dirijo o meu carro novo!):

"Why be normal?"

18 | *Sobre a amizade*

"Que qualidades a gente deve esperar de alguém com quem pretende ter um relacionamento amoroso?", perguntou o jornalista. Incríveis, as perguntas que nos fazem.

Respondi o que acredito: "Aquelas que se esperaria do melhor amigo."

Pode ser um bom critério. Não digo de escolha — pois amor é instinto e intuição —, mas uma dessas opções mais profundas, arcaicas, que a gente faz até sem saber, para ser feliz ou para se destruir.

O resto, é claro, no amor seriam os ingredientes da paixão, que vão além da razão e da sensatez, passageiro terremoto de delícias que faz tudo valer a pena, que promove os maiores erros e os melhores acertos. Salva-nos eventualmente de um desacerto irremediável a sensação que vem das entranhas, ou das tripas da alma, ou do inconsciente: o nosso instinto de sobrevivência.

A velha misteriosa intuição, que às vezes falha nessa onda de euforia e susto.

a riqueza do mundo | 155

Eu não quereria como parceiro de vida quem não pudesse querer como amigo. E amigos fazem parte de meus alicerces emocionais: são um dos ganhos que a passagem do tempo me concedeu.

Falo daquela pessoa para quem posso telefonar não importa onde ela esteja, nem a hora do dia ou da madrugada, e dizer: "Estou mal, preciso de você". (Ainda não tive de recorrer a isso, mas, se precisar, sempre haverá alguém, e isso me conforta.) E ele ou ela estará comigo pegando um carro, um avião, correndo alguns quarteirões a pé, ou simplesmente ficando ao telefone o tempo necessário para que eu me recupere, me reencontre, me reaprume, não me mate, seja lá o que for.

A boa amizade nos poupa muita inquietação, desconfiança e ciúme. Não precisamos sondar nossas tripas, interrogar nosso inconsciente, para ter um amigo e confiar nele. Em geral um olhar bom, uma conversa sossegada ou interessante, pequenas maneiras de alguém novo se instalar na nossa vida.

Com sorte, para alguma alegria.

Com cuidados, para sempre.

Com alguma sabedoria, sem drama.

Está ali, o amigo, a amiga, presença apaziguadora e ao mesmo tempo interessante, aquela dos diálogos intermináveis, das confidências, dos telefonemas às vezes só pra jogar conversa fora, dar risada, e iluminar o dia.

E o bom mesmo é que na amizade, se verdadeira, a gente não precisa se sacrificar, nem compreender, nem perdoar, nem fazer malabarismos sexuais, nem inventar desculpas, nem esconder rugas ou tristezas. A gente pode *simplesmente ser*: que alívio, neste mundo fantástico e tão exigente (quando não tedioso, o que é de assustar).

Mais reservada do que expansiva num primeiro momento, mais para tímida, tive sempre muitos conhecidos e algumas reais amizades de verdade, dessas que formam, com a família, o chão sobre o qual a gente sabe que pode caminhar. Algumas estão comigo há décadas, outras são recentes, e houve alguma que, nem sei mais por que motivo, me descartou (ainda me dói quando recordo).

Minha alegria vem daquelas para as quais eu sou apenas eu, uma pessoa com manias e brincadeiras, também tristezas, erros e acertos, os anos de chumbo e uma generosa parte de ganhos nesta vida. Com uma dessas amizades posso fazer graça ou fazer fiasco, chorar, eventualmente dizer palavrão quando me irrito ou quando esmago o dedo na porta. (Ou sempre que me der vontade.)

A amizade é um meio-amor, sem algumas das qualidades dele, mas sem o ônus do ciúme — o que é, cá entre nós, uma bela vantagem. É para rir junto, dar o ombro pra chorar, criticar (com delicadeza, por favor), é para apresentar namorado ou namorada, é poder aparecer de chinelo de dedo ou roupão, é poder até brigar e voltar um minuto depois, sem ter de dar explicação alguma.

Sem cobrança.

Amiga é aquela a quem se pode ligar quando a gente está com febre e não quer sair pra pegar as crianças na chuva: a amiga vai, e pega junto com as dela, ou até se nem tem criança naquele colégio.

Amigo é aquele a quem a gente recorre quando se sente a última das mulheres, levou fora do namorado, o marido foi grosso, qualquer coisa dessas, e ele chega confortando, chamando de "minha gatona" mesmo que a gente esteja um trapo.

Conheci uma senhora que se vangloriava de não precisar de amigos: "Tenho meu marido e meus filhos, e isso me basta". O marido morreu, os filhos seguiram suas vidas, e ela ficou num deserto sem oásis, injuriada como se o destino tivesse lhe pregado uma peça.

Mais de uma vez queixou-se, mas nunca tive coragem de lhe dizer, àquela altura, que a vida é uma construção, também a vida afetiva. Que amigos não são frutos do acaso: são cultivados com... amizade. Sem esforço, sem adubos especiais, sem método nem aflição: crescendo como crescem as árvores e as crianças quando não lhes falta nem luz nem espaço nem afeto.

Quando em certo período o destino havia tirado de baixo de mim todos os tapetes e perdi o prumo, o rumo, quase o sentido de tudo, foram amigos, amigas — e meus filhos, jovens adultos já revelados amigos — que seguraram as pontas.

(Eram pontas ásperas aquelas.)

lya luft

Com eles, sem grandes conversas nem palavras explícitas, aprendi solidariedade, e reavivou-se em mim, para sempre, o valor da amizade.

Nesta página, hoje, sem razão especial nem data marcada, estou homenageando aqueles, aquelas, amigos e amigas, que têm estado comigo seja como for, para o que der e vier, mesmo quando estou cansada, estou burra, estou irritada ou desatinada — porque às vezes eu sou tudo isso, ah sim.

Pois o verdadeiro amigo é confiável e estimulante, engraçado e grave, às vezes intrometido e irritante; pode se afastar, mas sabemos que retorna ou vai estar lá para nós; ele nos aguenta e nos chama, nos dá impulso e abrigo, e nos faz ser melhores.

Quem sabe por isso velhos casais se tornam até fisicamente parecidos: porque na cumplicidade de uma relação que não perdeu todo o encanto, mas preserva interesse e diferenças, permaneceu entre eles, com jeitos de amizade, um bom amor.

19 | *O Bosque*

Não quero um livro só de questões como miséria e riquezas mal-empregadas, educação insuficiente, corrupção na política ou desamor entre as pessoas. Nem sobre coisas muito cotidianas, ou muito complicadas.

Preciso de um pouco de beleza e graça: sem esses ingredientes, mais alguma fantasia, vamos acabar engenheiros da descrença. Não quero isso para mim. Não é o que mais quero dividir com meus leitores.

Então falo no Bosque: esse, sim, eu quero partilhar. No comentário inicial de meus livros mais recentes costumo mencionar "O Bosque": é onde parte deles foi revista, nessa trabalhosa e estimulante lida que é escrever um livro. O Bosque existe: faz parte dos meus afetos, é real mas é um dos meus lugares mágicos, onde minha imaginação anda de mãos dadas com a realidade — e uma não atrapalha a outra nessa dança.

Ainda somos poucos moradores, mas algumas casas novas vão aparecendo entre as árvores. A cada nova visita, cada novo fim de semana quando possível, a gente vai olhar: um telhado que já se alteia, uma primeira laje, quem sabe o jardim, sempre difícil porque nem tudo floresce na sombra. Nossa casa, a menor de todas, foi feita como a gente queria: telhados pontudos, portas e venezianas no que chamo de azul-grego, varandona, lareira e aconchego, grandes vidraças trazendo o bosque para dentro dos quartos.

Algumas árvores são mais que seculares. Seu silêncio é tão impressionante como suas muitas vozes quando chega o vento, e eu sei que é o mesmo que maravilhava minha infância.

Chamei nossa casa de Casa da Bruxa Boa, e mandei botar isso numa placa ao lado do acesso para o carro. E cada vez que seus telhados e suas venezianas azuis aparecem na curva da ruazinha quando chegamos, ainda me espanta que seja nossa.

Espero que para as crianças de agora, quando forem adultas, mesmo que a gente nem a possua mais, ela traga lembranças como as que escuto meus filhos dizerem sobre a outra casa, aquela onde eu nasci: "Sente aqui, o mesmo cheiro dos lençóis da casa da vovó. Prove, é o mesmo gosto da comida da casa da vovó".

Lá fui menina, adolescente, jovem adulta. Para lá levei meus filhos pequenos em incontáveis feriados e férias, lá celebrávamos o Natal e éramos felizes. Por muitos anos, depois de construir meus próprios espaços, eu me surpreendia dizendo "minha casa", quando falava dela.

lya luft

Por que tudo aquilo continua em nossas memórias como algo tão especial? Não sei. Mas, sem fazer nada intencionalmente, desejo que no futuro se fale e pense assim desta casinha nossa. Porque nela acontecem coisas especiais. Como quando meu marido resolveu tocar um Mozart alto e bom som no meio de uma manhã de domingo.

Ninguém por perto. Em torno só a mata nativa, e sossego. Naquela hora, nem tucanos ou bugios, nossos eventuais companheiros. Éramos as árvores e nós: troncos subindo com dificuldade como velhinhas encurvadas buscando o calor e o sol. Alguns abraçados como amantes sensuais.

Foi uma experiência rara de comunhão com a natureza e conosco mesmos, cada um com os seus mais secretos pensamentos. Comentei que certamente era a primeira vez que aquela mata tão antiga escutava música. Meu marido concordou balançando a cabeça. Nem lhe ocorreu dizer que árvores não escutam.

Pois quem me diz que árvores, sendo vivas, não sentem nada, nem ouvem, nem enxergam — ainda que do jeito delas que não entendemos ainda?

Quem me diz que não nos observam, não nos acolhem? Quem me diz que não nos protegem, nos resseguram quando estamos inquietos, não nos dão essa renovadora paz que recuperamos depois de um grande cansaço ao chegar da cidade?

a riqueza do mundo | 163

Quem me garante que atrás daqueles troncos, alguns velhíssimos, não se escondem seja lá que seres de fábula, que nos espiam de noite quando tudo parece dormir, mas aqui e ali alguma coisa se move, rápida? Algo vivo se esgueira, corre com pezinhos como de minúsculos esquilos no telhado — mas não são esquilos, e macacos não andam por aí de noite.

"Gambás", alguém mais prático do que eu vai dizer. "Morcegos se arrastando", dirá outro. "Galhos de árvore. Imaginação sua", dirão os mais realistas.

Pois eu, em tantas noites quietas, escuto, neste mato, neste telhado e neste jardim, muitas insólitas coisas: mesmo sem nome nem rosto, elas são reais. Por vezes se deixam entrever, escutar ou adivinhar. Sabem de mim, enviam recados que não consigo decifrar, batem asas, sussurram, dão risadinhas divertindo-se com minha incapacidade de enxergar melhor o que não cabe em explicações.

Essas franjas do perceptível permitem que a gente cumpra o cotidiano de trabalhos e compromissos, amores a cuidar, contas a pagar, o carro que precisa ir para a oficina e a lista do supermercado ao lado do computador — tudo isso e muito mais, mas sem perder a graça.

E quando a perdemos — ou ela nos escapa —, a lembrança daqueles mil tons de verde, o brilho de alguma flor na sombra, os pássaros estranhos que vêm comer frutinhas, tudo isso a traz de volta. Como as vozes das crianças nos balanços quando nos visitam, seu olhar sonado quando descem a escada ainda em suas roupas de dormir, e vêm para o nosso colo.

Toda a graça, a delicadeza, o consolo e o assombro deste mundo retornam, e por pura bondade nos fazem companhia onde quer que a gente esteja, e por mais cansado, aborrecido, ou desanimado — porque às vezes a gente também fica assim.

"Mas esse mato assim parado não te entristece?", já me perguntaram.

Ora, o Bosque é o contrário da melancolia: ele é a vida que pulsa, cheia de surpresas ou sustos, crepitando de pássaros e vento nas folhas, habitada por vultos apressados entre os troncos, tudo podendo ser apenas coisa de mato e riacho e chuva e brisa — ou ilusão.

Seja como for, o Bosque guarda o fascínio do que nunca inteiramente se revela, mas está ali para quem souber olhar, e puder acreditar.

E, como alguns amores, torna a vida mais do que suportável: ela fica especial.

20 | *Quando os homens falam*

Minha visão do masculino é positiva, quem me lê sabe disso. Há quem balance a cabeça em reprovação.

Não tive um pai autoritário, distante ou agressivo (posso dizer, grosseiro?), do tipo que grita e insulta, ironiza e paralisa com um simples olhar, um sujeito distante a quem mulher e filha deviam servir, andando na ponta dos pés, sendo obedientes, deixando que ele determinasse suas vidas.

Era protetor, meu pai, e um pouco severo sobretudo em assuntos escolares, nos quais nunca passei de medíocre, sofrendo de uma inata implicância com autoridade e limites, inclinada a transgressões infantis que me davam fama de complicada. Inquieta e distraída, querendo estar em casa para poder ler os meus amados livros, rindo fora de hora (na hora do sério, em plena aula) de coisas que nada tinham a ver nem com a matéria nem com professor ou professora.

Eram em geral lembranças de histórias, personagens ou fatos cômicos, como da simpática amiga, a boneca Emília, de Monteiro Lobato, dos meus livros preferidos — atrevida e mesmo assim amada.

Ele era um pai amigo dos filhos, gentil e cavalheiro com a mulher, certamente não o tipo que trai e depois chama a mulher de santa. Lembro de meus pais longo tempo sentados lado a lado, conversando ou deixando desenrolar-se grandes silêncios — silêncios bons. A gente espiava, e lá estavam os dois de mãos dadas, numa cumplicidade natural e tranquila que nos fazia bem, ao meu irmão menor e eu.

Talvez por isso e muito mais, e por ter também dois filhos homens, e pelos casamentos bons que me ajudaram a crescer, minha simpatia pelo masculino é clara. Irrita algumas mulheres que, com razão ou por mera ideologia, desprezam a "raça", como dizem.

Mas essa minha simpatia não vai para os bobos que para se afirmar transam com meio mundo; nem para o masculino cafajeste que não se interessa pela família e se diz um meninão sem querer compromissos embora os tenha, e muitos.

A mim me parece que antes de sermos homens e mulheres somos pessoas, e talvez eu veja isso em qualquer outro ser humano. Até em mim, não penso primeiro como mulher, mas como pessoa. Mania, neura, não faz mal.

Pelos homens que não entram nos tipos que citei acima (os imaturos ou os cafajestes), cultivo alguma forma de natural solidariedade. Eu os vejo forçados por uma sociedade tola a fazer uma série de coisas que nada têm a ver com alegria e crescimento pessoal. São pressionados demais, estressados, muito cobrados. Nós os preparamos para serem um sucesso, não para serem felizes; para serem competentes e competitivos, não bons — a começar, bons consigo mesmos.

E depois nos queixamos de que são distantes e superficiais ("são tão infantis", gostamos de dizer), só pensam em trabalho, não sabem ser carinhosos, e toda a ladainha que neste novo século ainda se escuta.

Talvez eu tenha até um pouco de pena dos homens, alguns deles, os bons, os generosos, os alegres e ternos, ou que gostariam de ser assim ainda que em alguns momentos, mas não sabem como se faz isso sem ficar vulnerável, sem ser "explorado" (eterno receio do grande provedor). Aliás o conceito de provedor permanece mesmo numa sociedade em que o número de mulheres provedoras cresce rapidamente.

•

Certa vez (já relatei isso em outro livro) estive em reuniões de grupos em que homens de quarenta a sessenta anos debatiam a questão do amadurecimento e da passagem do tempo. Era um grupo pequeno, e minha amiga terapeuta e eu assistíamos apenas, aqui e ali, coordenando um pouco para não se perder demais o fio. Eles falavam, debatiam, perguntavam entre si.

a riqueza do mundo

Foram encontros singulares. A minha primeira e melhor surpresa foi a alegria deles em terem um grupo onde podiam se expressar naturalmente, sem pressão, sem convenções nem regras preestabelecidas. A segunda foi ver que seus medos e desejos, dores e aflições eram tão parecidos com os nossos. Medo da solidão, da impotência (falo também da econômica), medo de perder o emprego, medo de envelhecer.

Preocupação com o destino dos filhos, culpa por achar que falharam com a família; culpa quando mesmo num casamento bastante bom de repente se apaixonavam por outra mulher. Culpa porque a mulher idealizada antes do casamento rapidamente tinha se transformado numa cobradora sempre irritada. Esperando por ele em casa de mau humor, ou chegando do seu próprio trabalho no fim do dia exausta como ele, tensa como ele, mais impaciente do que ele. Dona dos filhos, dona da casa, dona da verdade e da vida. (Todos reconheciam a vida onerada de suas mulheres que eram profissionais, multiplicadas entre vários setores e tarefas, às vezes por isso dilaceradas.)

A solidão dos homens, escrevi e repito, tem a medida da solidão de suas mulheres. Isso não tem causa específica, nem cura certa. Mas nos homens, eu penso, o isolamento é mais sofrido, pois seus laços afetivos não se estendem para todos os lados tão naturalmente como os da mulher.

Uma sociedade fútil — ou a mãe natureza nem sempre bondosa que lhes deixou marcas do tempo das cavernas — centrou o homem no seu falo, símbolo de poder e bastão de comando. Marca de força e veículo de fragilidade. Escutei um homem dizer numa mesa de amigos que a velhice e a aposentadoria não o aborreciam muito, enquanto ele conseguisse "funcionar". Não era preciso nenhuma explicação para que se entendesse "conseguir transar". "Depois", ele ainda acrescentou, "já não vou querer viver".

Era casado, e tinha filhos e filhas, isto é, uma boa rede de afetos. Aparentemente não lhe importavam muito. Para viver, dependia de um falo.

Que "funcionasse".

Para um número incontável de homens, funcionar, existir, ter valor, se reduz em grande parte ao sexo. (Cartão de crédito também não dá para esquecer.) Seu funcionamento emocional, sua importância como pais, parceiros, amigos, membros de uma família e uma comunidade ou grupo qualquer, significam menos.

Talvez isso aconteça porque muitos homens se sentem isolados dentro da família. O laço singular entre mãe e filhos os deixa de fora daquele terreno onde não conseguem andar direito. Aliás, ainda lhes ensinam, ou deixam entender, que ali homem é menos importante.

Um homem é muito mais do que um falo ou um cartão de crédito. Um homem não precisa nem deve carregar nos ombros o mundo, a família, a mulher insatisfeita talvez os filhos malcriados.

Nós mesmas, nesta cultura e nesta sociedade, quem sabe impedimos nossos homens de se expressarem com

a riqueza do mundo

mais naturalidade; de serem mais carinhosos, de trocar emoções com os outros, de se abrirem um pouco mais sem medo de parecerem fracos.

Além do mais, esperamos que falem na nossa linguagem, quando eles conhecem a linguagem dos homens. Adotamos a velha ladainha: "os homens não gostam de falar... têm medo das palavras, não têm jeito com elas" — costuma-se dizer.

Será que não têm?

Ou é fruto de uma atitude nossa, como quando se dizia que "homem não tem jeito com criança pequena", fechando esse primeiro caminho do pai para seus filhos, e deles para o pai? Hoje, nossa cultura nem sempre muito sábia pelo menos lhes concede outro papel, o natural papel de pai (há quem diga que natural é só a maternidade, o pai quase um acessório).

Penso que os homens falam sim, de um modo diferente do nosso. Que sentem falta de mais diálogo em casa, com filhos e com mulher. Que esse diálogo não é, em geral, seu lado forte, não lhes foi incutido desde pequenos, por outras mulheres — suas mães, que por sua vez obedeciam a toda uma cultura injusta.

Seja como for, não é impossível pessoas de idiomas diferentes se entenderem: com mímica, expressão, olhar, entonação de voz, alma e corpo e um entendimento que até dispensa tudo isso.

Desde que a gente queira, e se abram velhas comportas, ou se baixem enferrujadas pontes levadiças que não andam funcionando muito bem.

21 | *Fadas, bruxas, e a luz no túnel*

Não faz muito tempo escrevi três livros de histórias infantis, nas quais me coloquei no papel de uma bruxa boa disfarçada de avó.

Essa bruxa escondia atrás dos livros potes com pós mágicos, que usava para vencer as bruxas más, moradoras de um buraco no meio-fio ali na esquina. "Bruxa existe, fada existe, gnomo existe, bicho fala?", perguntava a criança que recheou minhas histórias com suas maravilhosas fantasias (uma de suas perguntas foi, aliás, se "à noite as estrelas-do-mar acendem no fundo das águas").

Respondi que existem, claro, para quem acredita tudo isso existe. Pois eu penso assim. Para crianças, é apenas natural. Para nós adultos, depende de nossa capacidade de escapar de um ceticismo pobre, e espreitar, atrás da porta, os segredos que ali se ocultam.

Quem garante que, de vez em quando, dois mais dois não é algo diferente do tedioso quatro — o que eu tanto desejava na minha infância em luta com números, aritmética, matemática, mais tarde equações e proble-

a riqueza do mundo | 173

mas — como os dos operários que colocavam tantos metros de trilho em tantas horas, e quantos dias levariam para colar tantos mais... coisa que não me interessa, mesmo hoje, nem minimamente?

Pesquisadores geniais começam a abrir frestas de conhecimento que nos revelam sistemas insuspeitos (seriam os das bruxas medievais?). Quantas dimensões temos no universo? Uma quarta foi aventada, e quem sabe outras mais?

E é para lá que vamos ao morrer?

Comecei a querer entender a vida quando bem pequena, curiosa e intrigada, principalmente com as tempestades que resfolegavam como um grande animal sobre as árvores do jardim. E assombrada com as emoções, boas ou mesquinhas, que circulavam entre os adultos, montadas em palavras ou em silêncios.

Eu sempre quis entender: porque não entendo, escrevo. Como jamais entenderei, até o fim da vida tentarei expressar em palavras e entrelinhas esse desejo inalcançável.

Teimo em dizer que bruxas existem, fadas existem, a vida depois da aparente morte existe, os encontros humanos são destinados: algo secreto maneja os laços que se atam e desatam até nos mais breves encontros.

Nada é impossível na vastidão do processo no qual estamos como as árvores na floresta e as conchas na areia: transformação, não deterioração; soma, não redução. Se conseguíssemos enxergar isso, seríamos muito

lya luft

mais tranquilos, abertos e ousados. Daríamos mais importância ao crescimento, e não à castração; à dignidade e ao amor, não à vingança e ao ressentimento. Teríamos consciência de que a vida nos encerrou neste casulo do não-saber para exercermos generosidade e liberdade, até sermos expandidos nisso que chamamos morte, onde tudo será puro conhecimento e intuição.

Ao menos por algum precioso instante de libertação, devíamos poder ser crianças que acreditam que à noite, quando todos dormem, esta que aqui escreve voa sobre os telhados em sua vassoura, feliz porque os que ama dormem protegidos, enquanto ela, a Bruxa Boa, sob a claridade da lua gira e vela.

•

Sou dos que também acreditam nas coisas positivas: sem elas eu não ia querer viver. Não ia querer ficar numa festa onde a alegria se foi logo, ou nem chegou. Se eu ficasse amarga com tudo que acontece de negativo — não é meu jeito — iria contaminar a casa onde moro, a família que me cerca, o companheiro que está comigo, os amigos e o mundo.

Porque sou importante? Não. Porque cada um de nós é uma partícula que, envenenada, vai poluir o todo. Saudável, vai fazer circular melhor a vida. Por essa razão, industriais e garis, mulheres milionárias e faveladas, trabalhadores e doentes acamados, os que estão nascendo e os moribundos, são todos importantes.

a riqueza do mundo | 175

Essa é a real democracia, acima de política e ideologia.

E eu, apesar de tantas realidades que provocam dor ou indignação, sou dos que ainda acham que a vida vale a pena, que as pessoas querem ser boas, e mais: que felicidade existe, no desejo de uma harmonia relativa com tudo e todos. Porque não sendo nem anjos nem porcos, estamos no meio-termo: passíveis de cometer horrores ou mesquinharias, ou gestos comoventes.

Roubalheira de um lado? De outro, há tentativas de realmente ajudar. Corrupção compensada por honradez. Apatia ou frivolidade, mas também capacidade imortal de indignação. Sem esquecer a arte, a beleza e o bem.

Mas nesse quebra-cabeça a gente sente vontade de acreditar. Não em cartolas de mágico das quais vão saltar pessoas mais amorosas, saúde, emprego e educação em crescimento, um país vigoroso, uma realidade tranquila, menos violência e menos abandono, menos desonestidade — mas acreditar num povo inteiro, em toda uma humanidade, trocando dominação por parceria, e lixo por luxo (para todos), o luxo da dignidade e do sossego.

Talvez eu ainda acredite em milagres. Mas se a gente der um passo real em direção do bem, terá valido a pena acreditar: em si mesmo, no outro, na família, nos amigos e colegas, nos líderes, nos filhos e nos pais. Não como perfeição, mas como vontade generalizada de algo melhor.

Se o pessimismo dominasse, não adiantariam crianças brincando, rios correndo, estrelas faiscando, gente se amando: seríamos sombras negativas que, em lugar de chamar, resmungam. Então, o jeito é acreditar que, olhando do lado certo, esse túnel tem fundo. Lá no fundo, alem de demônios, existe uma luz.

Uma boa luz.

22 | *Para celebrar*

Não é preciso esforço para escrever sobre o Natal. Assim como não é difícil escrever para crianças: basta ser natural. Imaginar como éramos nessa idade, do que gostaríamos, o que íamos achar interessante, ou engraçado, ou bonito.

(Se a gente não conseguir recordar como era na infância, melhor fazer outra coisa, não literatura infantil.)

Natal é uma das coisas presentes e essenciais em minha vida, desde criança. Faziam parte os preparativos, os enfeites, os presentes, as visitas, a árvore, as canções. Não era natural o consumismo, a comercialização era mínima nessas datas, tudo mais modesto, menor, mais natural. Pois eu não curto festas obrigatórias, organizadas de má vontade, hoje tem de comemorar, hoje tem de ser feliz, a data exige.

Alegria com dia e hora marcados.

Não me interessam as comemorações dos escravos do consumismo, que nesta época se endividam em doze

a riqueza do mundo | 179

prestações para dar presentes impossíveis a pessoas nem sempre amadas, ou cujo amor tem de ser comprado.

Mas se as datas existem, por que não celebrar de um jeito bom?

Festas de Natal e fim de ano atiçam minha imaginação e convocam a menina que fui, que acreditou em Papai Noel por muitos anos. (Na cegonha, pelo menos até os sete anos. Foi mais fácil dispensar o Papai Noel, eu acho. Cegonha é que era complicado.)

O mundo era outro, a família era outra, numa então bucólica cidade do interior — hoje, uma importante cidade universitária. Tudo era antes da internet, até da televisão.

Um de meus netos, ouvindo isso, ele com quatro anos, perguntou de olho arregalado: "Mas tinha dinossauro, vovó?". Dando risada, respondi: "Não, mas quase".

Com uma imaginação sempre a mil, Papai Noel, como fadas, e princesas, tudo cabia em minhas histórias encantadas que me contavam, que eu lia, ou que ia inventando deitada na rede do terraço de casa. Quando os pores de sol tingiam o céu, me diziam que os anjinhos começavam a assar aqueles biscoitos de Natal que se faziam em todas as casas da pequena cidade. Trovoadas de começo de verão, era São Pedro arrastando móveis para ter mais espaço na sua fábrica de brinquedos.

Na antevéspera de Natal, um recanto da sala era oculto por lençóis estendidos, e ali atrás ocorria o milagre. Na noite de vinte e quatro, coração saltando de ansiedade, a gente escutava sininhos como de prata: era hora. Levada pela mãe ou o pai, de mãos dadas com o irmãozinho, eu entrava na sala onde os lençóis tinham sido removidos, e lá estava ela: a árvore de Natal, toda luz de velas, toda cor de esferas, e embaixo os presentes.

Muitíssimo menos do que se dão hoje às crianças, mas havia presentes.

Cantávamos canções natalinas, todos se abraçavam parecendo amar-se muito, diferenças e discussões esquecidas. Depois abriam-se pacotes e se comia a ceia — que para as crianças era o menos importante: queríamos o carrinho, a boneca, o livro de histórias.

No dia seguinte chegavam tios, primos, alguns amigos. Era só isso, sem alarde, mas com emoção. Guardei a sensação de que Natal é alegria de estar junto, às vezes esquecendo desavenças; é chegada de pessoas queridas, é sobretudo o tempo da família. Para quem não a tem, é o tempo dos afetos especiais.

Não éramos particularmente religiosos, mas uma de minhas avós, luterana convicta, na manhã seguinte me levava à igrejinha, onde eu gostava de cantar.

Por toda parte algo de muito bom se comemorava: nem tudo era malquerença, os amores eram possíveis, reconciliação, esperança.

O Natal se complicou. Multiplicaram-se solicitações e ofertas, inventaram-se cartões de crédito e prestações, adolescentes são cheios de exigências, e crianças mandonas. Os pais, culpados ou atônitos: regras demais, psicologismos demais, receitas demais sobre como criar

a riqueza do mundo | 181

filhos. Para compensar a insegurança, montanhas de presentes, escolhidos pelos filhos, e tantas vezes fora do alcance do nosso bolso.

Natal não precisa ser estressante ou fútil. Basta a gente não permitir. Basta criar seu próprio Natal, e dar menos valor à opinião alheia. Inovar na casa, na família: menos presentes, menos gastos, mais alegria.

Muitos se queixam de que ele é hipocrisia ou puro consumo. Depende de quem o comemora. Se me endivido por todo o próximo ano comprando presentes até para gente de quem não gosto, ou para pessoas de quem desejo comprar afeto, estou transformando o meu Natal num comércio, e dos ruins.

Se nesses dias ando frustrado porque não pude comprar (ou trocar) carro, televisão, geladeira, estou fazendo um péssimo negócio para minha alma. E se não consigo nem pensar em receber a sogra sempre crítica, o cunhado cafajeste, os sobrinhos sem educação, se não quero abraçar o detestado chefe ou sorrir para o colega que invejo, estou transformando meu Natal num momento amargo.

A crise nas finanças (hoje se proclama que estamos todos mais ricos...) pode incrementar a valorização dos afetos. Na medida em que não se podem dar muitos e caríssimos presentes, talvez até se apreciem mais coisas delicadas como a ceia, o brinde, o carinho, os votos, a reunião da família, o contato emotivo com os amigos, mensagens pelo correio ou e-mail, música menos barulhenta e aroma de velas acesas.

lya luft

Se não pudermos viajar, curtimos mais nossa casa. Se não há como trocar velhos objetos, vamos cuidar mais dos que temos. Se não podemos comprar o primeiro carro, vamos olhar melhor nossos companheiros no ônibus ou no metrô. Vamos curtir mais nossos ganhos em relacionamentos.

A gente só quer que o Natal seja tranquilo e gostoso, e que nos faça acreditar: em Papai Noel, em anjos, em famílias amorosas ou amigos fiéis, em governantes mais justos e líderes mais capazes, em um povo mais respeitado — em alguma coisa a gente acaba sempre acreditando.

Porque, afinal de contas, é a ocasião de ser menos desconfiado, mais aberto ao que é o sinal deste momento singular, e tanto falta neste mundo: a possível alegria, e o necessário amor. Mais que tudo isso, é hora para ter esperança — ainda que realista.

É bom esquecer por um tempinho o ceticismo, que está sempre com um pé atrás, e tomar um porre de otimismo e sonho.

•

Passagem de ano pode ser mais difícil: há os que cultuam, os que detestam, os que ignoram, os que se melancolizam, e todos precisam ser respeitados. A ocasião se presta para os suicidas, e para os chatos também, que vão passar ano novo sozinhos (e vão se queixar disso

a riqueza do mundo

o resto do ano), ou sombreando a festa de amigos e família com seu evidente ar de ressentimento.

(Não aprecio a torre de marfim da estética e da emoção, ou o ar ofendido e solene de quem pretende ter doutorado em experiências ruins.)

Esses que em lugar de chegar para o encontro que devia ser alegre, com abraços e talvez presentes, só trazem queixas, abraços distraídos, e a ladainha de coisas ruins que aconteceram, a eles ou a quem quer que seja. Por aí no mundo. Podem até ter razão, mas não dava para esperar outra hora? E ainda tem os que passam o tempo referindo-se aos que morreram, ou aos que os abandonaram, enganaram, traíram.

Por sorte, existem os amigos que trazem alegria, os amores que nos fundamentam, os conciliadores que nos fazem acreditar em harmonia mais do que em desagregação. Os que esquecem ou relevam aborrecimentos, lembrando que afinal somos todos apenas humanos.

Para os que acreditam e os que apenas gostariam de acreditar — em alguma religião, em algumas pessoas, em alguma nobreza de alma, em alguma esperança, em si mesmos ou em sua família —, este é um momento de avaliar dentro e além dos limites e chatices cotidianas.

No reduto de nossas casas, dos abraços sinceros, das memórias comovidas, dos bons projetos, o ano novo é para prestar mais atenção no que está havendo dentro e fora de nós: indagando que pessoas estamos nos tornando, que futuro estamos preparando, que país, que ordem, que progresso, que bem-estar, que segurança, que esperanças criamos no ano quase findo.

Pode ser um começo de ano bem simples, de preferência não precedido por um daqueles Natais de religiosidade fingida, amor com hora marcada, presentes supérfluos ou adquiridos com sacrifício. Pode ser uma tentativa real de recomeçar até onde é possível: com um olhar um pouco diferente para pessoas a quem a gente admira ou estima e normalmente não tem tempo de abordar (que pena, que desperdício). Gente que nos interessa independentemente de status, grana, importância e possível utilidade.

Dá para entrar no novo ano abrindo as portas e janelas da casa e da alma. Sem frescura, sem afetação, sem mau humor, sem pressão nem formalidade. Pensando que a gente poderia ser mais irmão e mais amigo, mais filho e mais pai ou mãe, mais simples, mais desejoso de ser e fazer feliz, seja lá o que isso signifique para cada um de nós.

Nada de planos mirabolantes que não se podem cumprir, mas inventando novos modos de querer bem, sobretudo a si mesmo, pois sem isso não tem jeito de gostar dos outros.

•

O bom é inaugurar o ano sem complicação demais, sem nostalgia, suspiros ou queixas inoportunas, sem tor-

a riqueza do mundo

rar a paciência dos que, ao redor, estão querendo começar num clima positivo.

O que nos atrapalha é que alguém inventou que temos de revisar o que andamos fazendo no ano que passou, e ainda por cima tomar decisões e fazer projetos importantes para esse que começa.

Pois eu acho que em lugar desses tormentos podemos inventar o **Ano de Pensar**. Bom projeto, boa intenção. Uma só, e já é bastante. Pensar: coisa que tão pouco fazemos, embora seja o que nos distingue das outras feras.

E ficariam dispensados os dez ou doze ou três propósitos, as intenções fajutas eternamente repetidas, como emagrecer, romper ou melhorar o relacionamento, sair de casa, voltar para casa, estudar mais, vencer na vida, ter filhos, mudar de emprego, deixar de beber, de fumar, de se drogar com outras substâncias.

A essência seria essa: neste ano, eu vou pensar. Em possibilidades. Em mim, na vida, nos outros, no universo, em mil assuntos ou num só — que seja realmente importante.

Pensar simplesmente para criar meu mundo particular, não num ataque de loucura, mas de criatividade. Pois o real não existe, existe o que vemos dele. Basta ver como pensam as crianças, ainda livres das nossas inibições.

Sei que todos algum dia acordamos com a senhora desilusão sentada na beira da cama. Mas a gente vai à luta e inventa uma esperança mesmo recauchutada: vale tudo, menos chorar tempo demais. Pois sempre há coisas boas para imaginar.

Algumas se realizam.

E, já que não gosto de festa mas de celebração, e
sempre há um novo momento a celebrar, vai aí um presente meu, simplezinho, que os tempos estão difíceis:
Deus, eu faço parte do teu gado:
esse que confinas em sonho e paixão,
e às vezes em terrível liberdade.
Sou, como todos, marcada neste flanco
pelo susto da beleza, pelo terror da perda
e pela funda chaga dessa arte
em que pretendo segurar o mundo.
No fundo, Deus,
eu faço parte da manada
que corre para o impossível,
vasto povo desencontrado
que ignoras ou contornas
com teu olhar
compassivo.
Deus,
eu faço parte do teu gado
estranhamente humano,
marcado para correr
amar
morrer
querendo todo dia
colo, explicação,
perdão
e permanência.
(A gente não pode esquecer
a alegria.)

a riqueza do mundo | 187

III | *Das coisas várias*

NO DESERTO

Ela espreitava os rostos adultos
na grande mesa onde se lançavam palavras
parecendo facas ou plumas.
Amar era natural
como os perfumes no jardim da mãe?
Ela consigo resolvia:
Claro que todos se amam. Ninguém vive de restos.
E saía para brincar.

Quando a vida não foi mais brincadeira,
ela ainda queria adivinhar:
eles se amam, seu silêncio é cumplicidade
ou tédio?
Querem estar longe ou gostam de estar perto?
As amigas a chamavam de romântica,
e riam. Mas ela
morreu achando que sem amor
não valeria a pena o primeiro passo
no deserto.

23 | Os *vampiros pós-modernos*

O dilúvio de novidades que faz tremer nosso cotidiano traz muita coisa fora do nosso entendimento.

Estar aberto é bom, é essencial, aventurar-se, às vezes até mergulhar para depois ver o que acontece — mas tendo embaixo a rede de bom-senso para não se afogar. Abrir-se para o possível, e aceitar com simplicidade o impossível. (Cedo ou tarde, ele também acaba sendo cotidiano.)

Estar aberto não é ficar vulnerável. Nem amedrontado. Coisas são apenas coisas, conhecimentos e teorias são conhecimentos e teorias, por mais que nos assombrem. Seu uso e valor vão depender de nós.

Um turbilhão de recursos trazidos pela ciência, pela tecnologia, nos atrai ou confunde. Se formos mais velhos, nos faz crer que jamais pegaremos esse bonde — embora ele esteja aí para todos os que se dispuserem a embarcar, não necessariamente para serem campeões

a riqueza do mundo | 191

ou heróis, mas mentes abertas que se divertem e aprendem em qualquer idade.

A ciência e a tecnologia nunca param. Jamais vão andar para trás. O que mais vem por aí, quanto podemos lidar com essas novidades, quais são as positivas, quanto servem para promover progresso ou para nos exterminar ao toque do botão de algum demente no poder?

Exageradamente entregues a esses jogos cada dia inovados, vamos nos perder da nossa natureza real, o instinto? Vamos nos distrair de tal maneira nos computadores que amores e amizades vão se diluir no terreno do virtual que nos fascina?

Viramos homens e mulheres pós-modernos, sem saber o que isso significa; somos cibernéticos, somos twitteiros e blogueiros — se não formos muito equilibrados, vamos nos transformar em hackers, e o mundo que exploda.

Sobre a sensação de onipotência que esse novo horizonte nos confere, lembro a história deliciosa do aborígine que, contratado para guiar o cientista carregado de instrumentos refinados, lhe disse: "Você e sua gente não são muito espertos, porque precisam de todas essas ferramentas simplesmente para andar no mato e observar os animais".

Não precisamos nem vamos regredir: a civilização anda segundo seu próprio arbítrio. Mas, como quase todas as coisas, seus produtos geram ambiguidade pelo excesso de abertura e o receio diante do novo — que precisa ser domesticado, para se tornar nosso servo ou um vizinho excêntrico que não entendemos.

Esse universo nos confere uma sensação perigosa de onipotência, agravada pelo anonimato: nem sempre uma ação corresponde a uma consequência nesse terreno do impessoal. Criam-se sérias questões morais e éticas não resolvidas: a mesma ferramenta que alarga fronteiras e nos comunica com o outro nos ajuda a prejudicar sem expor nome nem rosto — o que pode se tornar mania e perversão.

Caluniamos amigos e desconhecidos, odiamos celebridades, cortamos a cabeça de quem se destaca porque se torna objeto de ressentimento, escutamos mensagens sombrias ou cumprimos ordens sinistras.

(Choramos no escuro muitas vezes, sem alguém para nos abraçar. O que estamos nos tornando?)

•

Relacionamentos pessoais começam e terminam, bem ou mal, nesse campo virtual — não muito diferente do mundo dito concreto, dos bares, festas e trabalho, faculdade e escola, o ônibus, o asfalto. Com as crianças, esse terreno pode ser um mestre inesgotável num pátio divertido onde elas imediatamente se sentem à vontade, sem as inibições adultas. Mas pode ser a estrada dos pedófilos, a alcova dos doentes, ou a passagem sobre o lin ite do natural e lúdico para o obsessivo e perverso.

Duplo é o gume: comunicar-se é positivo, mas sinais feitos na sombra sem nome nem rosto, podem acabar em fantasmáticas perseguições e males.

a riqueza do mundo | 193

Singularmente, enquanto estamos velozes e espertos no computador, criando mundos virtuais, e jogando jogos cada vez mais complexos, nos escondemos no nevoeiro do anonimato que a internet oferece; na época das maiores inovações, também curtimos voar com bruxos em suas vassouras, namorar vampiros e inventar avatares que vão de engraçados a sinistros.

Meninas com vários piercings enveredam agilmente pelos mais complicados meandros da internet: mas sonham com o beijo de um vampiro ou os dons de uma feiticeira.

Meninos que se fingem de debochados querem ser heróis, os novos heróis dos novos e complexos jogos da existência virtual.

Isso apenas confirma que somos ambíguos: se de um lado somos cada vez mais modernos, de outro cultivamos amores vampirescos, paixões por lobisomens, e somos fãs de simpáticos bruxos em revoadas de vassouras. Mudaram, os nossos ídolos. Não sei se para pior, mas diferentes. Pois nosso lado contraditório é que nos torna interessantes, em consultórios de psiquiatras, em textos de ficcionistas, ou, sem esses extremos, na mera vida cotidiana.

Estimulante e múltiplo, resta saber o que vamos fazer neste planeta novo — ou o que ele vai fazer de nós. Quando soubermos, estaremos afixados nele como borboletas presas com alfinete debaixo da tampa de vidro ou vagalumes em potes de geleia vazios, naquelas noites de verão quando a infância era apenas aquela, inocente, que ainda espia sobre nossos ombros.

Criamos salões de jogos que vão muito além do divertimento, da pesquisa, da distração: representam o perigo de se substituir o real pelo virtual, de trocar individualidades por invenções, de se perder a noção tranquila da nossa condição humana.

É bom saber que não somos bonecos de uma dimensão cibernética: por mais sofisticados que eles sejam, faltam-lhes a alegria e a tristeza, a negação, a capacidade de se boicotar, e a escuta amorosa do coração do outro.

a riqueza do mundo | 195

24 | *Sem medo dos novos códigos (nem do e-book)*

Nem tudo que é novo é positivo; nem tudo que é tradicional é melhor — ou ainda acenderíamos fogo esfregando pedrinhas, no fundo obscuro de alguma caverna que não é a de Platão.

(Mas quantos sabem quem foi esse admirável senhor?)

A linguagem que usamos no dia a dia se modifica constantemente — nem sempre a gente percebe. Mas basta conferir nos dicionários: os melhores deles correm atrás da língua viva, onde primeiro os termos começam a ser usados, depois se estabelecem, e finalmente, às vezes com bom atraso, são registrados nos dicionários.

Linguagem é a roupa da mente: não falamos em casa como falamos num discurso; nem falamos, numa entrevista para conseguir emprego, como falamos brincando com nossa turma, e não falamos com um bebê de dois anos como falamos com o médico ao qual estamos expondo os nossos males.

a riqueza do mundo | 197

Linguagens são códigos, e com eles nos comunicamos. Linguagens se manifestam por sinais, que vão de palavras a gestos, roupas, até hábitos e costumes. Qualquer escolha nossa é um ato de linguagem. E se traduz num código. O da comunicação em que pensamos imediatamente é o da fala.

Há também a linguagem de cegos, linguagem de surdos, linguagem de namorados, as linguagens das famílias, em que determinadas palavras evocam cenas hilariantes ou tristes. Linguagens técnicas, linguagens profissionais, o jargão dos médicos, dos advogados, que precisam eventualmente ser traduzidos para o comum mortal. As complexas linguagens do planeta internet, e das mais variadas ciências e tecnologias, que só os entendidos poderão manipular.

Sem falar na linguagem das siglas, que dominam o mundo, para as quais já existem dicionários próprios.

Recentemente surgiu uma preocupação com a linguagem abreviada e de caráter fonético usada em mensagens de computador, como nos chats. Os catastrofistas, de cabelo em pé, empunham a vassoura da faxina crítica. O receio é de que os jovens, usando desse recurso que tem a ver com velocidade e economia, haveriam de desaprender, ou nunca aprender direito, o código do próprio idioma escrito.

Receio infundado: somos capazes de dominar, na fala e escrita, várias linguagens ao mesmo tempo, e transitar entre elas com habilidade e até elegância em certos casos.

Somos melhores do que se pensa, mais hábeis e mais capazes, embora em geral a gente não tenha nem dê essa impressão de si mesmo. Escrever com abreviaturas, siglas, formas enigmáticas para os desavisados, é apenas uma maneira divertida, inteligente, econômica, criativa e, sim, um pouco secreta, de estabelecer e cultivar laços cibernéticos, que podem confirmar amizades já existentes — falo com meu filho distante mais frequentemente do que com vizinhos de edifício — ou abrir a porta para novas relações.

Conheço casais felizes que se encontraram num chat, e casais extraordinariamente infelizes que conviveram desde a adolescência.

Os que estão do outro lado da linha aberta num chat nem sempre são o lobo mau, embora crianças devam ser controladas e alertadas para doenças como pedofilia e outros males nesta enferma sociedade nossa. Além do mais, a atual invasão do privado através desses meios de comunicação traz o perigo de exposição excessiva, que pode ser mal usada pelos menos bem-intencionados. "Não vou deixar que o quarto de minha filha de sete anos amanhã apareça no youtube", disse muito sensato um pai responsável.

É preciso dar uma chance às novidades e inovações, em lugar de criticar de saída, ou prevenir-se contra, como se tudo que é novo fosse primariamente mau. É como se fora da língua culta, a língua-padrão que é e deve ser usada em momentos mais sérios, todas as demais formas de comunicação fossem espúrias.

a riqueza do mundo | 199

Não sejamos nem chatíssimos senhores com odor de naftalina, nem damas enfiadas no espartilho do preconceito: sem criatividade, sem olhar para o novo e o bom, por isso mesmo sem discernimento para o verdadeiramente mau.

Além de tudo, a língua, como os costumes, a vida, a sociedade e as culturas, no bom e no negativo, segue uma evolução que independe de nós, dos moralistas, dos puristas, dos gramáticos, dos donos da verdade, dos que seguram o facho da razão numa das mãos, e na outra o chicote da censura. A Terra não gira ao contrário.

Com as novidades, há dois jeitos de lidar: analisar e aceitar ou rejeitar, ou fingir que não acontece nada — e ficar de fora.

•

Entre os novos códigos, abrindo uma questão efervescente, está o e-book, dito rival do livro de papel.

(Que grande assunto para entrevistas e indagações.)

As perguntas sobre o assunto se multiplicam, então começo a pesquisar e ler sobre, além de usar meu próprio raciocínio e a convivência com livros de papel, que sempre foram parte de minha vida.

Na casa de minha infância, que para mim era o centro do universo, havia o lugar onde a gente podia fazer todas as viagens: a biblioteca de meu pai.

Ali, entre aroma de cigarro (naquele tempo se fumava) e o cheiro dos livros que cobriam as paredes, eu

200 | *lya luft*

entrava como num navio de incontáveis viagens. Muitas horas passei abrigada no vão sob a escrivaninha imaginando que aquele era o meu castelo. (Magia do tempo: quando a revi, poucos anos atrás, era menor do que esta em que agora escrevo.)

Quando eu ficava demais inquieta, e minha mãe, ocupada com meu irmãozinho novo, já não sabia o que fazer — ou simplesmente quando queriam me agradar —, botavam-me na biblioteca depois que meu pai fechara seu expediente ou era fim de semana. Senta-vam-me numa daquelas poltronas de couro que para mim eram grandes como barcos. Meu pai colocava sobre meu colo (minhas pernas balançavam muito acima do assoalho) algum volume da grande enciclopédia que ainda está comigo, e às vezes manuseio para fazer alguma pesquisa — ou simplesmente para sentir o antigo prazer.

O cheiro é o mesmo: de velhice e de infância, de nascimento e morte, de revelação. Cada página com figuras — bichos, pássaros, borboletas, de cores já empalidecidas — era protegida por uma folha de papel de seda amarela.

Eu contemplava — e tocava — tudo aquilo como se fosse um segredo. Quando ainda não sabia ler, entrava nos livros como em salas cheias de objetos mágicos. Sentia com as pontas dos dedos cautelosos a penugem dos pássaros, escutava seu canto, o desenho daquelas borboletas roçava meu rosto, pinturas egípcias de perfil ingênuo e olhar rasgado desfilavam, fotografias de

a riqueza do mundo

máquinas e montanhas e, principalmente, palavras e seus espaços de fantasia sem limites para uma menina tão pequena.

E quando aprendi a ler, achei que não havia mais nenhuma fronteira para o meu desejo — que hoje sei impossível — de encontrar a explicação da existência nossa. Nunca desaprendi a excitação quase amorosa de estar entre livros; mesmo que não haja poltronas de couro nem aroma de cigarro, tudo ainda está comigo como uma porta que se abre para que eu possa entrar com minha bagagem de curiosidade.

Escrevo, portanto leio no computador há muitíssimos anos, ele faz parte de mim. Porém sou da geração para a qual o livro, o meu próprio, que estou produzindo, só parece real depois que, tudo feito e refeito dezenas de vezes por meses a fio, comprimo a tecla que marcará "imprimir" e ele sai aqui a meu lado, num maço de papel.

Velhos vícios, jeitos antigos, gostos pessoais — não importa.

Como a corrente dos acontecimentos tende a nos levar, e a inquietação natural nos faz querer experimentar de tudo um pouco, é possível que logo eu entre para o rol dos que leem e-book, em viagens, por exemplo. Não sei se vou me acostumar inteiramente a ele. Mas é bom estar aberta para essa opção: não é preciso matar um hábito para adquirir outro, não somos tão broncos assim.

Posso falar vários idiomas, dirigir vários carros, nadar em vários estilos, e usar pelo menos dois, ou três, tipos de suporte para ler uma obra literária.

Jornalistas e leitores habituais perguntam: O livro vai acabar, as editoras vão fechar, é a morte do livro?

Primeiro, os catastrofistas de plantão são em geral mal informados. Quando surgiu o rádio, dizia-se, nesse mesmo tom, que ninguém mais ia conversar nas famílias. Vindo a televisão, estavam mortos o teatro e o rádio. Chegando a internet, tudo fora dela seria desconsiderado.

Nada mudou radicalmente dentro desse esquema: não se deixou de conversar (as pessoas nunca se comunicaram tanto quanto na internet), não se deixou de ir ao teatro (boas peças atraem muita gente e na internet compramos até entradas para os espetáculos), ninguém parou de ir ao cinema (a não ser por medo de sair de noite, pela insegurança que se alastra), enfim, cada novo invento acrescentou, não tirou.

•

Li um interessante diálogo sobre o assunto e-book, dirigido por um jornalista, entre Umberto Eco e um roteirista francês. Os dois são donos de imensas bibliotecas, de muitas dezenas de milhares de volumes. Portanto, são amantes de livro, vivem com e para o livro.

Lembra Eco que o registro escrito, seja em papel, pergaminho, nas antiquíssimas tabuinhas de argila, é o mais sólido, é permanente. O e-book, o livro eletrônico, que tem suas vantagens como todo artefato moderno, tem desvantagens claras de saída. Por exemplo, depen-

a riqueza do mundo | 203

deremos de mais decodificadores, suportes, seja como for: começa aí o primeiro problema. Já não conseguimos ver os antigos vídeos de poucos anos atrás, a não ser que tenhamos em casa, ainda, aquele aparelho já superado onde os enfiar. Sem falar na saúde dos olhos, atacados pelo tipo de luminosidade, modo de leitura, do texto na página de um e-book.

Logo os CDs serão esquecidos, os DVDs serão antiquados. Teremos de modificar, a cada nova invenção, as nossas bibliotecas eletrônicas. Mais um pouco, e tudo será movido pela força do pensamento.

Outro assunto que me fascinou liga-se à bela palavra "palimpsesto". Para quem não sabe, é a escrita sobre outra escrita. Encontram-se em bibliotecas monumentais como a do Congresso Americano, raridades em forma de tabuinhas, argila, pergaminho, couro, e mesmo papel, em que trechos ou palavras foram raspados e outros escritos em seu lugar, ou simplesmente por cima. Revelados, abrem-nos facetas incríveis da antiga cultura, pessoas, modos de vida. São camadas de civilização, que fascinam exércitos de cuidadores e estudiosos.

No e-book teremos apenas o imediato. Prático, talvez; não definitivo.

Naturalmente dirão que sou viciada no livro de papel: direi que, sim, o cheiro de livro, de papel, de biblioteca ou de livraria, é mágico para quem como eu foi criada nesse meio. Essa visão pode entediar a novíssima geração, para quem a tela do computador é muito mais fascinante do que uma lombada de livro: e por que não?

204 | *lya luft*

Tudo é legítimo e vale a pena, desde que nem corrompa nem emburreça nem empobreça demais.

Acredito que as duas coisas podem e vão conviver, como rádio e conversas em família, televisão e teatro, internet e outros meios de comunicação. Tudo está aí para nos servir, se não formos incompetentes para avaliar o que é bom no novo, e bom no antigo, e administrar isso direito. O resto, as discussões sobre o fim do livro, ou a morte das editoras, quem sabe o sumiço dos escritores, me parecem tolas, material de intermináveis diálogos e discussões vazias, artigos sem fundamento, entrevistas sem grande interesse.

Ainda que com o tempo — um longo tempo, imagino — a maioria das pessoas adote o e-book, o livro de papel não vai necessariamente ser botado no lixo, nem as editoras precisarão falir.

E se o livro eletrônico vencer, se conseguirmos afinal um meio permanente, que permita ler décadas e séculos a fio em todos os lugares do mundo, preservar com segurança, e transmitir velhíssimos recados ocultos, ainda vamos continuar lendo, escrevendo, editando.

A forma importa menos: importam o prazer, a comunicação, o estudo, a pesquisa, a aventura através do tempo, do espaço, das culturas e das mentes, que a palavra desperta em quem sabe perceber ali uma janela, que abre de par em par — e passa para o outro lado.

Está lendo.

Então já não rasteja, mas voa. Já não se encolhe, mas se desdobra, e intensamente vive.

(O suporte não é sempre fundamental.)

a riqueza do mundo

25 | *Computador: maravilhas e armadilhas*

E já que estamos passeando nos jardins cibernéticos, lembro o meu criado prestativo mas não inteligente, com suas maravilhas e armadilhas. Ele me serve há muitos anos.

O computador é uma extensão de minhas mãos e de minha inteligência. Com certa frequência, confesso, é trocado sem piedade por outro mais veloz, mais potente, mais moderno. Porque isso facilita o meu trabalho e minha vida.

Com ele a cada manhã começa meu dia, buscas e descobertas, pesquisa e comunicação. É útil, mas é também ambíguo — como tantas coisas. A internet, que isola os misantropos avessos aos afetos, une os que gostariam de estar juntos ou partilham as mesmas ideias — mas também serve para toda sorte de fins destrutivos, que vão da calúnia política à vingança pessoal.

A questão é equilibrar as coisas: nem deixar de aproveitar as oportunidades boas, inclusive de conhecer pessoas e lugares do outro lado de tudo, nem se absorver de tal maneira nessa aventura que se esqueçam ou enfraqueçam os laços mais próximos, como tempo com família, lazer, reflexão, amigos, até amores.

Saúde mental e física pode ser afetada, o real se estreita, os interesses vitais diminuem, se não pusermos limites à fascinação desse portal de magia que é a internet. E nós, embora tão modernos, não deixamos escapar o desejo de coisas e seres mágicos que no fundo de nós nunca cessa de existir.

O negativo acontece, por exemplo, quando esse caminho nos permite invadir casas, vidas, almas, e caluniar, e mentir, e seduzir. Nesta fase em que reina uma troca geral entre público e privado, e tanto gostamos de nos expor ou ver o outro exposto, estamos nos tornando uma humanidade de calças arriadas em praça pública, sem segredos e sem pudor. Para isso a internet e o computador se prestam magnificamente: não há fronteiras nem vergonha, pois não precisam aparecer nem rosto nem nome nem endereço do invasor.

É o reino dos covardes, ou dos mais vulgares exibicionistas. Ditas celebridades curtem viver e morrer em cena, e fazem questão de mostrar, se possível, as entranhas. Exibem-se bundas e peitos, detalhes picantes (em geral desinteressantes) da vida pessoal, frivolidades, histeria ou maledicências.

De outro lado, o grave, o perigoso: rapazes filmam num celular oculto cenas íntimas com suas namoradas ou amigas (que em geral não notam ou fingem não saber) e espalham via internet; com fotografias inocentes, criam-se imagens maldosas que acabam sendo de todos, para alegria dos mentalmente mal-dotados. É bem triste que um meio de comunicação e pesquisa, de lazer e descobertas, como a internet, seja usado tantas vezes para fins tão negativos. Mas isso também somos nós.

Nos questionamentos sobre crianças e adolescentes lidando com esse universo cibernético, tenho só uma sugestão: dar-lhes informação, para que possam entender e escolher. Aos muito pequenos, presença, companhia e controle (sinto muito, mas eu penso assim). Tudo que possa reduzir a involuntária, muitas vezes nem sabida, exposição de pessoas desavisadas à maledicência e à calúnia. Uma professora teve seu corpo tirado de uma foto com alunos em sala de aula, feita para uma ocasião especial da própria escola. Colocaram em lugar de seu corpo o de outra mulher, nua, e colocaram essa montagem no youtube. Poucos podem avaliar o estrago, a dor e o constrangimento causados por essa brincadeira perversa.

O mal vai do mais ingênuo, ou tolo, até o mais destruidor. Já existe uma instrumentação legal para caçar e punir pedófilos que tentam assassinar moralmente menores de idade. Agora, urge que se crie um equivalente para casos como os considerados menos graves, e que acabo de citar, pois causam dor a quem não merece nem pode se explicar.

E que seja uma ferramenta muito eficaz: para que gente indefesa não tenha exibidas, por desaviso e inexperiência, intimidades próprias ou alheias.

a riqueza do mundo | 209

•

Dois defeitos são inatos e incorrigíveis no ser humano, e de ambos nos livre o destino: burrice e mau caráter. O uso doentio de um instrumento tão fantástico quanto a internet, quando não é psicopatia, é uma conjunção desses dois lamentáveis atributos. Enviam-se para dezenas, centenas ou mais pessoas, informações falsas que alguns julgam engraçadas — toda sorte de maldades das quais as vítimas não podem se defender. Tais indignidades jamais seriam feitas em público, ou assinadas embaixo: florescem na sombra da covardia e da mediocridade, do desrespeito e de poucas luzes intelectuais.

E nem tudo se pode controlar. Descobri há pouco tempo que eu tinha um twitter: uma amiga me escreveu que estava gostando dele. Eu me espantei, twitter? Mas eu não tenho twitter. Tem sim, ela reclamou, meio aborrecida, pois eu acabo de ver!

Primeiro decidi ignorar, a coisa me dava um certo medo, o que estariam botando ali? Pois como não tenho um twitter, aquele era falso. Depois me disseram que só havia frases de livros ou artigos meus, e trechos de poemas, nada de negativo ou assustador. E avisavam que era "não oficial".

Dias depois, fui espiar. Realmente nada ali é desonroso, apenas o twitter não é meu. Já disseram que me seguiram, me procuraram, escreveram no tal twitter, e mal-educadamente eu não reagi: bom, aquilo é uma boneca virtual, não sou eu, então nem leio, nem reajo.

Depois me disseram que também tenho um blog. O processo foi mais ou menos o mesmo. Acabei vendo que tenho um blog, e não tenho, pois não é meu, nele não entro, nem ajo nem reajo, ali existe e reside mais uma vez uma entidade virtual muda.

Por que não tenho nada disso, por que resisto?

Talvez porque me esforço tanto por manter alguma privacidade, neste momento em que o bom é virar-se do avesso e tornar público o privado, por mais íntimo que seja. Calcinha ou sem calcinha, transa ou não, quantos namorados, quantas brigas, quantas baixarias e sofrimentos, quantos botox e plásticas ou preenchimentos, que opiniões sobre qualquer assunto, enfim, quem e como somos, de pernas abertas para que qualquer um veja a alma.

Por educação, pela geração a que pertenço, ou por escolha mesmo, eu estou quieta. Para esse costume novo, de exteriorizar tudo de maneira tão radical, não levo jeito, e que me perdoem os que gostariam de ter contato comigo no blog, no twitter, no facebook.

Acreditem: nos livros, nos artigos, eu sou bem melhor. Me amem então, assim como eu posso ser. Mas também é possível que de repente eu mude de ideia, e abra meu twitter, meu blog, entre no facebook e aceite todos os convites que me fazem para inúmeros grupos de relacionamento.

a riqueza do mundo | 211

Há semanas venho recebendo via e-mail, de amigos ou conhecidos, um texto com meu nome, às vezes até com fotografia — mas não é meu. Pessoas me abordam para dizer que receberam de outras, e eu negando, tentando esclarecer: não fui eu!!! Eu não o escreveria.

É um texto cretino, dizendo entre outras bobagens que numa palestra para mulheres (não costumo dar palestras só para mulheres), eu falava há mais de uma hora dizendo "coisas inteligentes", e ninguém reagia. E que então decidi usar de um recurso especial: "revelei minha idade, e toda a plateia fez um ahhhhhhh de espanto".

Primeiro, eu jamais diria que falei para uma plateia pouco inteligente, e nunca precisei revelar minha idade: ela sempre foi de domínio público, tão natural quanto ter olhos azuis e me chamar Lya. Aliás, não tem a menor importância. Idade é natural, apesar do universo de narizes diminutos ou levantados demais, sobrancelhas no meio da testa, bocas ginecológicas e caras inexpressivas que se multiplicam na paisagem. Nem ao menos sou do tipo que, por magrinha ou serelepe, pareça ter menos idade do que tem.

O que me chama atenção em tudo isso não é me atribuírem algo que eu jamais assinaria, mas o quanto estamos indefesos nessa realidade sedutora e perigosa que se chama internet.

Até certo ponto, é ingenuidade mandar via internet textos apócrifos de Clarice, Drummond ou Borges,

212 | *lya luft*

inventar uma falsa despedida de García Márquez anunciando que está à beira da morte, ou atribuir a Fernando Pessoa versinhos derramados.

Basta um olhar, e se estamos familiarizados com os autores, em geral sabemos: Isso não é dele, dela. Porém muitas vezes não há como saber. Engolimos sapos desse tipo, como recebemos mensagens com vírus, mensagens que são spam, mensagens que são bobajadas. Um bom antivírus e antispam sempre ajudam. Não resolve a má qualidade de muitos desses e-mails.

Porém, usarem nosso nome embaixo de algum texto falso, e a gente nem ter como dizer, "não, pelamordedeus, não fui eu!", admito: é incômodo. Acusar alguém injustamente de qualquer imoralidade, invadir ou distorcer a vida pessoal de alguém, escrever frases insultuosas, ameaçadoras, hostis, sob a capa repulsiva do anonimato, é um crime contra a já tão achincalhada ética.

Mas como encontrar o criminoso?

Que leis lhe aplicar?

O jeito é dar de ombros. Nem sempre dá para dar de ombros. Nem sempre é fácil assim. Às vezes machuca. Ofende.

Prejudica quem é inocente, alegra quem é perverso.

Aviso aos navegantes: vão continuar circulando por aí textos meus, e de outros escritores, vivos ou mortos, falsos e reais, geralmente ruins. Na prerrogativa desta página, a quem interessar possa estou mais uma vez avi-

a riqueza do mundo | 213

sando: o tal artigo onde eu teria assombrado uma plateia de mulheres apalermadas revelando o mistério dos meus setenta anos não é meu.

E Gabriel García Márquez não morreu.

(E nem querendo Fernando Pessoa conseguiria fazer versinhos tão ruins.)

26 | *Pestes modernas, noivas absurdas*

N ão falo na peste negra medieval que varreu milhares deste mundo já então não muito confiável — mas nas nossas pestes, que também as temos. Podem ser (ou parecer) menos tenebrosas do que as medievais, que nos faziam apodrecer em vida — porém destroem. E se multiplicam, na medida em que se multiplica o nosso estresse numa existência artificial e apressada.

Ou melhor: o estresse é uma das modernas pragas. Quanto mais naturebas estamos, mais longe da mãe natureza, que por sua vez reclama e esperneia: tsunamis, tempestades, derretimento de geleiras, clima destrambelhado.

Em busca de uma vida mais natural, matamos a natureza em torno, e dentro de nós.

Ser natural passou a não ser natural.

Ser natural está em grave crise.

Também na vida cotidiana aquela velhíssima voz do instinto, voz das nossas entranhas, deixou de funcionar. Ou funciona mal. Desafina, resmunga e rosna. A gente

a riqueza do mundo | 215

não escuta muita coisa quando, por acaso ou num esforço heroico, consegue parar, calar a boca, as aflições e a barulheira ao redor.

O que somos mesmo, neste período pós-moderno de que algumas pessoas tanto se orgulham, é estressados. Não tem doença em que algum médico ou psiquiatra não sentencie, depois de recitar os enigmáticos termos médicos: "E tem também o estresse". Para alguns, ele é, aliás, a raiz de todos os males. Eu digo que é filho da nossa agitação obsessivo-compulsiva e antinatural.

Quanto mais compromissados, mais estressados: é inevitável, pois as duas coisas andam juntas, gêmeas siamesas na desgraça. Porque a gente trabalha demais, se cobra demais e nos cobram demais, porque a gente não tem hora, não tem tempo, não tem graça.

Porque não sabemos administrar nossos compromissos, selecionar o essencial e o dispensável, valorizar mais nosso tempo, nos deixamos arrastar por essa correnteza a ponto de não conseguirmos mais parar, interromper o fluxo, e cuidar de nós.

Outra doença nossa, um dos nossos mais detestáveis clichês, é a falta de tempo. Outro dia alguém me disse: "Dona, eu não tenho nem o tempo de uma risada". Aquilo ficou em mim, faquinha cravada no peito.

O que antes era coisa de maridos e de pais mortos de cansaço e sem cabeça nem para lembrar data de aniversário dos filhos (ou da mãe deles) agora também é privilégio de mulher. De eficientes faxineiras a competentíssimas executivas, passamos de nervosas a estressadas, estresse daqueles de fazer cair cabelo aos tufos.

Não sei se calvície feminina vai ser um dos preços dessa nossa entrada a todo vapor no mercado de trabalho — pois ainda temos a casa, o marido, os filhos, a creche, o pediatra, o ortodontista, a aula de dança ou de judô dos meninos, de inglês ou de mandarim (que acho o máximo, "meu filhinho de seis anos estuda mandarim") —, mas a verdade é que o estresse domina.

É nosso novo amante, novo rival da família e da curtição de todas as boas coisas da vida.

Que pena. Houve uma época em que a gente resolvia, meio às escondidas, dar uma descansadinha: quatro da tarde, deitada no sofá por dez minutos, pernas pra cima... e eis que, no umbral da porta, mãos na cintura ou dedo em riste, lá apareciam nossa mãe, avós, tias, dizendo com olhos arregalados: "Como??? Quatro da tarde e você aí, de pernas pra cima, sem fazer nada?". Era preciso alguma energia para espantar os tais fantasmas.

Neste momento, porém, eles nem precisam agir: todos nós, homens e mulheres, botamos nos ombros cruzes de vários tamanhos, com prego ou sem prego, com ou sem coroa de espinhos. São tantos os monstros, deveres, trânsito, supermercado, dívidas e pressões, que — loucura das loucuras — começamos a esquecer nossos bebês no carro. Saímos para trabalhar e, quando voltamos, horas depois, lá está a tragédia das tragédias, o fim da nossa vida: a criança, vítima não do calor, dos vidros fechados, mas do nosso estresse.

Começo a ficar com medo, não do destino, eterno culpado, não da vida nem dos deuses, mas disso que, robotizados, estamos fazendo a nós mesmos.

a riqueza do mundo | 217

Acho que um bom antídoto para essas pestes é uma dose extra de bom humor. Há fases em que, preocupada, foco mais o lado sombrio da vida. Mas jamais esqueço a importância do bom humor, que me caracteriza no cotidiano, mais do que a melancolia.

Meu amado amigo Erico Verissimo certa vez me disse: "Há momentos em que o humor é até mais importante do que o amor". Eu era muito jovem, na hora não entendi direito, mas a vida me ensinou: nem o amor resiste à eterna insatisfação, à tromba assumida, às reclamações constantes, à insatisfação sem tréguas. Alegria zero. Desperdício de vida: acredito que, junto com dinheiro, sexo e amor, é a alegria que move o mundo para o lado positivo.

•

E as noivas absurdas do título deste texto?

Essas têm a ver com outra das pestes modernas, perversão da maioria — o preconceito. Um corpo estranho neste momento da nossa cultura, em que nos achamos tão liberados, cá está ele: velho, banguela e de bengala, ele ainda impera e nos faz sofrer — ou nos torna a chibata do outro.

Falando em preconceito e discriminação, não posso deixar de lembrar a ocasião em que emprestei minha voz narrando um documentário sobre um fato espantoso, o das Noivas do Cordeiro.

Um povoado com esse nome, bem próximo de uma bela capital, é habitado por algumas famílias — mais mulheres, pois os homens têm de buscar fora o sustento de seus filhos e só vêm para casa nos fins de semana. Vivem ainda hoje isoladas e discriminadas de uma forma cruel.

Por terem uma doença contagiosa? Porque cometeram algum crime hediondo, ou mesmo uma pequena falta?

Não.

Uma antepassada delas foi excomungada pela igreja, há mais de cem anos, por haver tentado ser um pouco feliz com um novo companheiro. Como era casada, foi execrada pelos fariseus de plantão.

A maldição atingiria quatro gerações de seus descendentes.

Tiveram muitas filhas, que geraram muitos filhos, com os rapazes que ousassem se aproximar. Fundaram uma comunidade singular em tudo: pela duração desse isolamento, e pela dimensão de sua luta para provar que são dignas de respeito e afeto.

São mulheres de idade ou bem jovens, saudáveis, cara limpa, sorriso aberto, numa fraternidade e cumplicidade comoventes. Ali tudo é de todas, todas se ajudam, todas suportam juntas o isolamento e as calúnias.

"Cuidado, lá vêm as putas!", comenta-se quando chegam a outro povoado ou à capital para alguma compra necessária.

Tudo lhes é dificultado: escola, atendimento médico, qualquer direito de cidadania. Os rapazes que com elas se relacionam, quando vão à cidade são atormenta-

a riqueza do mundo | 219

dos com insultos do tipo: "Como se atreve a deixar sua mulher? Todos sabem que elas não prestam. Meu amigo outro dia esteve lá, e foi uma farra".

Nos depoimentos, algumas choraram relatando a dureza dessa situação. Que talvez esteja acabando: pois com muito trabalho e desejo de progredir, conseguiram instalar televisão, e começar a conhecer o mundo. Botaram internet, outra janela para fora da sua condenação. Finalmente elegeram uma vereadora na cidade, fundaram uma associação, e após quatro gerações começam a ser olhadas com o respeito que merecem — mais do que tantas pessoas aqui fora.

O que vão ganhar na realidade que fica além dos limites de seu delicioso e feliz povoado?

Tenho minhas dúvidas sobre as vantagens: vão conhecer corrupção e omissão, logro e malogro, frivolidade, violência e competição desleal. Imagino que seja inevitável libertarem-se da difamação, e serem integradas no que ficava além de sua aldeia. Mas quem sabe seria melhor botar o país inteiro dentro daquele vilarejo, vivendo de maneira simples, limpa, fraterna e feliz?

É difícil, e talvez nunca se corrija, essa tendência para os males múltiplos causados pelo preconceito, incluindo a perseguição, seja ela do tipo que for. Somos, ainda, apesar de tanta sofisticação, tecnologia, ciência e euforia de mil descobertas, uma civilização muito precária, somos os predadores que, se já não saltam na jugular do outro para beber seu sangue, dilacerar e devorar sua carne e intestinos, sabem muito bem como ferir, massacrar, aniquilar, destruir quem não é inteiramente igual a nós, quem pensamos que nos ameaça ainda que minimamente, quem por suas posições, aparência ou capacidades desestabiliza nossa infantil compostura.

•

A lista seria cansativa, mas quero mencionar aqui outra peste moderna que me aborrece: a nossa mediocridade despreocupada; a desinformação e a naturalidade com que transitamos pela vida sem pensar, e não dando a mínima para isso. Carregamos, com vaidade até, a ignorância das coisas mais elementares, e a conformidade com o mínimo.

E não sei se, com o pouquíssimo interesse dedicado à nossa educação, as coisas vão melhorar tão cedo.

A turma que completa segundo grau, que faz faculdade, que tem salário razoável, conta no banco, deveria ser a informada. Essa que não precisa comprar carro em noventa meses e deixar de pagar depois de quatro. A classe (a letra não importa) que consegue viajar, conhece até algo do mundo, e poderia ter uma pequena biblioteca em casa. Em geral, não tem. Com sorte, lê jornal, assiste a boas entrevistas e noticiosos daqui e de fora, enfim, faz parte do seu tempo.

No entanto, apesar de privilegiada, raramente, mesmo nos bancos universitários, consegue se expressar com clareza, coerência e português correto, mesmo em textos breves. A maioria não tem livros em casa. A res-

a riqueza do mundo | 221

posta à pergunta "quanto livros você leu neste mês?" tende a ser catastrófica.

Sei que pareço aqui uma dessas cobradoras rabugentas das salas de aula antigas (mas que a gente aprendia, aprendia), então resolvo testar a mim mesma nessa questão da informação.

Quais os nomes de ministros atuais desta república nossa? Cheguei a meia dúzia. São quase quarenta. Aqui começo a bater no peito, em público aliás. Num país onde mais da metade dos habitantes é analfabeta, pois os que assinam o nome não conseguiram ler o que estavam assinando, ou vivem como analfabetos pois não leem nem o jornal largado na praça, os que sabem ler deveriam ser duplamente informados e participantes.

Não somos.

Nossos meninos raramente sabem os títulos de seus livros escolares ou os nomes dos professores (sabem os dos jogadores de futebol, dos cantores de bandas, das atrizinhas semieróticas).

Agimos como se nada fora do nosso pequeno círculo pessoal nos atingisse. Precisamos de clareza nas ideias, coragem nos desafios, informação e vontade, e do alimento dos afetos bons. Num livro interessante (não importa o assunto) alguém verbaliza velhas coisas que a gente só adivinhava; um filme pode nos lembrar a generosidade humana; uma conversa pode nos tirar escamas dos olhos.

Estar informado é o melhor jeito de ajudar a construir uma vida, uma sociedade. Mas, se somos ignoran-

Iya luft

tes, somos vulneráveis; se continuarmos alienados, bancaremos os tolos; sendo fúteis, cavamos a própria cova; alegremente ignorantes, podemos estar assinando nossa sentença de atraso, assumindo uma camisa de força que, informados, não aceitaríamos; resignados como, sabendo mais das coisas, não seríamos.

Me poupem do risinho tolo da burrice, do desinteresse explícito, ou da desinformação entediada: o vazio que se escancara por trás deles começa a roer os nossos calcanhares.

a riqueza do mundo | 223

27 | *Não tem problema?*

"Não tem problema" — frase boa que nos desculpa seja do que for que andamos cometendo. Ou que deveríamos observar, quem sabe tentar corrigir. Evitar da próxima vez.

Mas se digo o nome do fantasma, de certa forma estou no controle; ele me assusta menos; não me faz de boba. Assim como os problemas. Porque temos problemas, sim. (Até acho que hoje somos mais espontâneos e mais alegres do que cinquenta anos atrás. Mas que não haja problema, é uma afirmação tola. Alienada e alienante, e fútil.)

Minha cachorrinha pode ter sede, estar cansada do passeio mais longo no parque, ou sentir falta de mim quando fico fora um dia inteiro. Mas problema, para ela, não existe.

Problemas são privilégio dos humanos.

Quem mandou andar ereto, quem mandou pensar? Quem mandou criar sociedades, famílias e outros grupos, trabalho, salário, teorias das mais abstrusas, e ainda por cima quem mandou inventar a política?

a riqueza do mundo | 225

Altos e baixos, magros e gordos, belos e feios, pobres e ricos, inteligentes e menos iluminados, problemas sempre teremos: com filho, com cônjuge (ou ex), com patrão, com funcionários, com o fisco, imposto, governo, com amigos ou com a burrice alheia — esses são graves. Nosso envolvimento vai armando uma trama que nos atrapalha e não nos deixa enxergar a claridade, ou curtir os não problemas.

Outro dia, depois de uma palestra, um casal me abordou, simpático, e falamos um pouco. Ele pediu: "Eu queria que a senhora escrevesse na sua coluna sobre algo que acaba de falar aqui, a necessidade de reavaliar nossos problemas e aliviar a vida. Pois minha mulher" — olhou para ela com carinho, não com censura — "vive tão enrolada em problemas que pouco tempo resta para a alegria, e para nós dois".

"Bom", respondi, "isso vai depender dos problemas e de como vocês dois os vão tentar resolver."

Me disse uma amiga num dia em que eu andava me lamentando demais: "Quando a gente está muito atrapalhado, é bom parar e analisar o que nos chateia tanto: são tragédias ou chateações? Na imensa maioria das vezes são apenas chateações."

Gostei da fabulinha. Quando começo a querer me queixar da vida, penso nela.

"Com as perdas só há uma coisa a fazer: perdê-las", escrevi certa vez. Outra seria aceitar sem se vitimizar.

Algo parecido ocorre com os problemas. Com eles, só há duas saídas: uma, é resolvê-los. Com os insolúveis, o jeito é perceber e aceitar isso. Um dia, talvez não distante, abriremos os olhos e a porta, e lá estará o grande problema: o famoso, belo e terrível Anjo da Morte, curvando o dedo da mão elegante, no gesto irrecusável: "Vim te buscar, pobre humano".

Não acho que problemas, sejam quais forem, ou o que representem, devam ser ignorados. (Frivolidade também mata.) Mas há sempre o momento de parar para baixar o som da tevê, fechar a cortina, largar o copo, e heroicamente rever nossas estruturas, internas e externas: o que posso mudar nessa parede de coisas que me machucam? O que posso resolver? O que devo esquecer ou superar para que não me sufoque ou me roube a luz de que preciso para enxergar outras coisas, coisas melhores?

Coisas novas ou velhas que se encolhem tristes na sombra onde eu as estou relegando, à espera de resolver "meus problemas"?

A vida pode ser dramática, ou tediosa. Ah, a rotina e as repetições, que por outro lado nos mostram alguma ordem que persiste e nos conforta.

Aqui e ali, tragédia. Nem sempre podemos desviar os olhos e a alma, nem sempre podemos ignorar nem superar, nem sempre podemos resolver — vitórias são raras. "Do caos nasce a luz" e da derrota pode nascer uma nova pessoa, melhor que a de antes. Mas do caos também pode surgir mais confusão, e da derrota pode resultar um pobre ser esmagado.

Assim, dos problemas pode sair uma solução, ou fazemos uma seleção em que alguns serão jogados fora.

a riqueza do mundo | 227

Deletou, acabou-se. Outros ficarão à margem do caminho dando passagem à verdadeira vida, que é a vontade de vida — mas estarão ali, à espreita de um momento de fraqueza para nos assaltar.

Outros ainda necessitam de um longo tempo para que se desmanchem as raízes no coração atormentado. Só que esse tempo não pode ser tão longo quanto a vida, nem ocupar demasiado espaço dentro dela, ou desperdiçaremos o que há de melhor na paisagem.

Enfim, que essa vã filosofia me ajude a entender melhor que não somos onipotentes — que pena. Eu mesma, do alto dos meus tantos anos e duras lidas, não consigo resolver ou superar alguns de meus problemas, nem ajudar pessoas que amo a se livrarem dos seus.

Às vezes o jeito é dar-se as mãos numa ciranda solidária, esperando que o bom-senso vença a perplexidade, e reduza nosso sofrimento inútil, deixando-nos mais fortes para o que é inefugível.

Seja como for, é por complexa que a vida é interessante: por isso enchem-se os consultórios dos psicanalistas, escrevem os escritores, combatem os soldados, roubam os ladrões, enganam os crápulas, e brincam, antes de se convencerem da dureza e dos combates, quase todas as crianças na paisagem em torno.

Não brincam as que morrem nos hospitais, fenecem nas ruas, sofrem nos lares violentos ou tristes: são responsabilidade nossa, grandes trapalhões que inventamos esta cultura, esta sociedade, esta injustiça, esta omissão, estas relações e esta vida.

Porque a morte, essa não inventamos nós.

Ela é o fim de todos os problemas — de quem morre.

•

Há gente que se preocupa demais.

Há gente que não quer nem saber.

O que acho bom é que se multiplicam os que resolvem questionar e se questionar. Querem melhorar sua vida. Um centímetro que seja, já é alguma coisa.

A maioria dá de ombros dizendo que é isso mesmo, as coisas são assim, aqui é assim, por toda parte está ficando assim, e afinal "não tem problema". E vão se refugiar na tevê plana, na internet, na droga, na bebida, na briga, no sono da depressão ou no saltitar das baladas eternas.

Não tem problema, a generalizada quebra de autoridade, a começar por muitos líderes e ocupantes de altos cargos, que perderam a credibilidade e nem se preocupam em se reconstruir. Tudo numa boa, por aqui é assim. Sem estresse, que dá rugas, sem exageros ou a gente vira um chato. Confundimos autoridade com dominação, quando deveríamos pensar em autoridade como ordem, gestão que evita a confusão e o caos — portanto, algo positivo que nos permite viver melhor, crescer mais, ocupar com mais liberdade nossos espaços.

Que povo estamos nos tornando? Fingimos ignorar a corrupção impune, ou a gente reclama um pouco mas

a riqueza do mundo | 229

logo esquece, é a pizza, o chopinho, o show, o shopping ou as contas atrasadas. A gente se acomoda, se distrai, olha para o outro lado, porque a capacidade de reagir nos foi lentamente, subliminarmente, retirada.

Não por sermos um povo acomodado ou superficial, mas mergulhado num estado geral de desinteresse — e isso contagia feito uma nova doença, uma gripe de derrotados. Algo negativo e sombrio que nem os trios elétricos conseguem disfarçar.

É frágil uma democracia na qual pobres e ricos, jovens e velhos, reagem com um dar de ombros quando se fala nesses desmandos, os conhecidos e os obscuros. A gente ou sabe ou imagina, e comenta como se fosse engraçado: vai ficando difícil acreditar na política, na justiça, nas instituições. Mas não tem problema.

Penso que tem problema. Tem muito problema. Não é normal, não é assim. A falta de autoridade, de decência, de cuidados, de consciência, contamina feito uma doença maligna tirando-nos discernimento e capacidade de julgar. Fingimos não saber, fingimos nem ligar. Aos mais simples, como às crianças e jovenzinhos, é repetido que está tudo bem, tudo em ordem. "Não tem problema."

Talvez enxerguemos como uma paisagem criada no computador o complicado mundo real que não é colo de mãe nem mão de amigo, mas exige quase heroísmo para ser encarado. Ou temos medo de que ele nos reduza a pó, com a mesma velha cantilena: Não tem problema.

Com esse clichê apaziguador, que funciona como uma droga, nessa alienação geral, quem sabe a gente acaba imaginando que vive num universo virtual, onde problemas se resolvem com o toque de uma tecla. Assim anestesiados e distraídos brincamos até que alguém, talvez distraído, faça um clique e sem querer nos delete para todo o sempre.

E não vai haver problema: ninguém há de notar a nossa falta.

28 | *Anjos cansados*

Os anjos da morte estão cansados de recolher restos de vidas destruídas — as nossas, pois nos assassinam no tráfego das estradas, nas ruas das cidades, nas esquinas deste país. Dentro de casa, dentro do quarto, na praia ou no bar. No campo. Em qualquer parte podem nos matar porque não temos defesa, e a bandidagem não tem limites nestes tempos nossos.

Corpos mutilados, almas surpreendidas, que duro fardo para as celestes criaturas.

Os anjos da morte também estão exaustos de pegar restos de vidas botadas fora, e podem ser as nossas — pois nos matamos a qualquer hora e em toda parte: com nosso carro, com drogas, bebida, outros venenos, ou nos jogamos de um décimo andar, por horror ou tédio.

Os anjos suspiram por todo esse desperdício: para que cuidar de quem quer mesmo acabar com tudo?

Não sei se algumas propagandas, até oficiais, que tentam reduzir a mortandade no trânsito, são tão eficientes quanto as que fazem propaganda de bebida, isto é, da possibilidade da morte, em ricas e coloridas matérias. Preocupante é a bebida exaltada nas propagandas até mesmo por atletas ou artistas, que são heróis para tanta gente.

Parece que só diante da morte nos damos conta de que, apesar dos altos e baixos, viver bem é possível. Na corrida do cotidiano, não paramos para pensar: "O que estou fazendo comigo mesmo, e com as pessoas que amo?"

Isso me ocorre lendo as primeiras notícias dos primeiros horrores de cada dia: mortes nas estradas e cidades, fome e miséria para milhões de pessoas inocentes e, de novo, a guerra. Ou sempre as guerras, pois o homem gosta de brincar de bandido e mocinho, trocando as armas de brinquedo por tremendas armas de verdade. Nelas incluo carro, ônibus, barcos e outros. Fuzis e metralhadoras, drogas e carros velozes, bombas para os radicais, todos os instrumentos fatais que matam desnecessariamente todos os dias pessoas que amamos.

●

Alguma sugestão para reduzir essas tragédias?

O começo de tudo há de ser a educação. Eu sei: escrevo sobre ela incansavelmente, e não me importo de se repetitiva. Ela é a obrigação primeiríssima de todos os pais e governos.

Reconheço que nenhuma formação, lei, autoridade, punição, pode mudar um mau caráter, ou uma estrutura psíquica agressiva ou uma tendência autodestrutiva doentia. Porém no que for possível diminuir a mortandade em nossas estradas e ruas, ou no segredo de nossas casas, cabe a cada um de nós agir, reagir, se preciso brigar.

Educar-se e educar. Fazer pensar, e pensar.

Se não deixarmos mais nosso filho adolescente pegar o carro para ir a festinhas com seus amigos; se descobrirmos com quem eles e elas andam; se nós mesmos não bebermos antes de dirigir; se não quisermos testar toda a potência do carrão novo ainda por cima levando alguém de carona; se a empresa não nos obrigar a conduzir o ônibus por mais de vinte horas sem descanso, e precisarmos nos manter acordados com algum estimulante comprado no boteco da estrada; se não usarmos o carro como arma para a nossa frustração, se formos mais sensatos, decentes, maduros — se não confundirmos alegria com delírio, quem sabe essa carnificina vai diminuir.

Depois, leis claras, firmes e cumpridas, com punições razoáveis. Ninguém pode, bêbado ou embrutecido por outra droga, matar uma família inteira com seu carro, e sair dali para aguardar julgamento em casa. Pois se bebeu e dirigiu, sabia que estava se transformando numa arma mortal.

Nenhum pai, ou mãe, pode fechar os olhos para mudanças evidentes no comportamento do filho ou filha, ou dizer depois que não notou. (Conheço famílias que não perceberam a gravidez de uma adolescente, que pariu sozinha no banheiro, socorrida por uma amiga também quase criança.)

a riqueza do mundo | 235

Muito drama pode ser evitado, ou resolvido, se prestarmos atenção no que acontece ao nosso lado. Na nossa casa. No nosso quarto, quem sabe.

Pode ser uma visão rigorosa, e quero que seja assim.

Uma vida menos fútil ou alucinada, conduzida com mais responsabilidade — que é uma forma de liberdade com controle —, e quem sabe os fatigados anjos da morte possam, se não entrar em férias, ao menos relaxar um pouco mais de vez em quando.

29 | *Esse animal deu errado?*

Mortes fúteis, conflitos familiares exacerbados, sociedade aflita, vidas botadas fora, miséria crescente, política desregrada e tantas outras encenações do humano drama me fizeram indagar de minha terapeuta, anos atrás:

"Você não acha que o ser humano é um animal que deu errado? Parece que quase todos precisaríamos fazer alguma terapia para que a gente vivesse melhor, se permitisse mais coisas positivas, se cuidasse mais e se desperdiçasse menos. E olhe que não sou do tipo pessimista."

Minha terapeuta me encarou com aquele olhar de esfinge, e como era de esperar devolveu a pergunta:

"E por que você acha isso?"

Não recordo bem o que argumentei, mas parece que funcionamos mal em várias coisas. A maioria, se fizesse uma terapia, ainda que breve, haveria de viver melhor. Os problemas podiam continuar ali, mas a gente aprenderia a lidar com eles, e com os problemas alheios também.

a riqueza do mundo | 237

E talvez a gente também se valorizasse mais. Se boicotasse menos. "Minha profissão não faz milagres, apenas ajuda as pessoas a manterem a cabeça à tona d'água", me disse um famoso psicanalista.

O inconsciente, formado desde os primeiros dias de vida, nos faz pensar que merecemos pouco, então agimos conforme. Geralmente sem saber, o que piora tudo. (Saber um pouquinho mais sobre si mesmo é um dos resultados de uma boa terapia. Alguns adquirem isso com a experiência, bons modelos, segurança incutida pela família, e tantos fatores mais.)

Valorizar-se, considerar-se merecedor de coisas positivas, que não são necessariamente dinheiro, beleza e sucesso. Porque merecemos muito: nascemos para ser bem mais contentes do que somos, mas nossa cultura, nossa sociedade, nossa família não nos contaram essa história direito. Fomos onerados com historinhas assustadoras sobre termos de ser os melhores, ou com deveres que nos esmagam, e objetivos que pouco têm a ver com nossos desejos e possibilidades. Cedo aprendemos sobre fracasso e culpa. Sobre a dor como fatalidade, então vamos nos divertir que ninguém é de ferro.

"A quem Deus ama Ele faz sofrer", disse uma boa freira quando do alto dos meus dezesseis anos insisti em questionar a existência de Deus devido aos sofrimentos do mundo.

"Será?" Eu abusava da sua paciência. Em minha opinião, ainda imatura, a frase de minha paciente pro-

238 | *Iya Luft*

fessora falava de uma divindade fria, que não mereceria uma vela acesa sequer. Adolescente, eu era naturalmente insegura, arrogante e radical. (Adulta, não aprecio muito a visão da dor como cursinho de aperfeiçoamento. Ela pode embrutecer e amargurar.)

Muitas boas discussões tivemos no breve tempo em que estudei num colégio religioso, onde encontrei novidades que provocavam encantamento e perplexidade, como misticismo, hábitos e véus, rosários tilintando, incenso e latim. Tudo mágico para a adolescente criada sem muita prática religiosa: meu pai apreciava pensamento livre. Sua espiritualidade, boa e forte, ligava-se à natureza e ao sagrado de tudo, mas a nada institucionalizado.

Aquele ambiente novo revelava novas paisagens, que não se tornariam necessariamente as minhas para sempre, mas agora eu sabia: estão lá, com a sua verdade. Por um período, renovou-se minha visão de várias coisas que me intrigavam, fiz novas leituras, tive novos contatos, e mais inquietações.

Independente de religião ou crenças, temos dificuldade em ter prazer, aceitar momentos felizes, confiar em nós e nos outros. Somos assediados por pensamentos nem sempre muito inteligentes ou positivos sobre nós mesmos. Irracionais e contraditórios, com frequência, em horas alegres, nos surpreendemos indagando: "Isso é real ou ilusão? Mereço essas dádivas, ou não tenho direito a elas? Estar feliz agora não é perigoso, imerecido, não vai ser cobrado logo adiante?"

a riqueza do mundo | 239

Voltando à tona das águas da vida, por cima da qual nossa cabeça espia: as armadilhas do inconsciente, que é onde nosso pé derrapa, talvez nos façam vislumbrar nessa fenda obscura um letreiro que diz: "Eu não mereço ser feliz. Quem sou eu para estar bem, ter saúde, ter alguma segurança? Não mereço uma boa família, afetos razoavelmente seguros, alegria em meio aos dissabores".

Nada disso, se "Deus faz sofrer a quem ama".

Vivemos o efeito de muita raiva acumulada, muito mal-entendido nunca explicado, mágoas infantis, obrigações imaginárias. Somos ofuscados pelo danoso mito da mãe santa, da esposa imaculada e do homem poderoso; pela miragem dos filhos mais que perfeitos, do patrão infalível e do governo confiável. Sofremos sob o peso de quanto "devemos" a todas essas entidades inventadas, esquecendo que por trás delas existe apenas gente falível quanto nós.

Velhos fantasmas nos criticam, mãos na cintura, sobrancelhas iradas:

— Ué, você está quase se livrando das drogas, está quase conquistando a pessoa amada, está quase equilibrando sua relação com a família, está quase obtendo sucesso, vive com alguma tranquilidade financeira... será que você merece? Veja lá!

Ouvindo isso, assustados réus, num ato nada falho tiramos o tapete de baixo de nossos pés e damos um jeito de nos boicotar — coisa que aliás fazemos demais nesta curta vida.

240 | *Iya luft*

Se algo começa a ir muito bem, daremos um jeito de que desmorone. Escolhemos a droga em lugar da lucidez e da saúde; nos fechamos para os afetos em lugar de lhes abrir espaço; corremos atarantados em busca de mais dinheiro, sem tempo de curtir os afetos; se vamos bem em uma atividade, ficamos desconfiados e queremos trocar; se uma relação floresce, viramos críticos mordazes ou traímos o outro, dando um jeito de podar a confiança dele ou a nossa sensualidade.

Talvez a gente pudesse mudar um pouco essa perspectiva, reconhecendo que as drogas ilusoriamente facilitam a vida (portanto são uma opção burra), que arrogância, mentira, egoísmo afastam quem amamos, e que poderíamos fazer opções que nos favorecessem, em lugar de desprezar (ou temer) o que poderia nos dar algum conforto e significado.

E não seríamos esse estranho animal que sofre, que nasceu precisando de espaço para viver, gente para amar, um lugar para ficar a salvo, capaz de criar, inventar, amar, produzir (guerrear e matar).

Às vezes até um animal simpático, mas sempre necessitado, urgentemente, de algum conserto e arrumação.

a riqueza do mundo

30 | *Adição: correndo no labirinto*

lguns assuntos são mais difíceis de tratar do que a própria morte, minha personagem frequente. O drama da adição e sua rara salvação é um desses temas que rodeio na ponta dos pés, num misto de medo, compaixão e respeito.

A vida é um teatro, escrevi. Nós os roteiristas, iluminadores, personagens, faxineiros, plateia, os que desenham cenários e vendem entradas. (Às vezes, vendemos a alma.) O mais difícil é ter de optar: que fantasia, que personagem, que fala? Nem sempre a escolha é nossa: já nascemos fantasiados, dotados ou derrotados.

Às vezes, esperança. A gente ri, bate palmas, sente-se acolhido. Ou alguém nos coloca sozinhos na boca de cena, sem roteiro algum, e agora, e agora, o que fazer, o que dizer?

A sociedade (ou a família) quer que sejamos bons, competentes, os melhores — pressões nos esmagam de todos os lados. Às vezes precisamos nos anestesiar. A gente esquece os compromissos, machuca os amores,

a riqueza do mundo | 243

foge do olhar interrogativo ou do silêncio acusador, sucumbe ao conforto do esquecimento, cada vez mais urgente, olvido na veia.

Como surge, por que acontece, como nos salvamos — quando nos salvamos —, e por que tão raros conseguem controlar o vício pelo resto da vida — pois de uma adição ninguém se cura, apenas a controla? Quanto de escolha nossa entra nesse doloroso processo de tornar-se um viciado, que começa disfarçado e vagaroso, de repente ocupa todos os nossos espaços, e torna-se o nosso dono?

Médicos, psiquiatras, especialistas diversos e adictos recuperados produzem teorias, seminários e livros tentando dar conta desse flagelo.

Algumas circunstâncias facilitam esse processo em nossa cultura: beber faz parte do cotidiano (não falo de embriagar-se mas beber de maneira dita social). Há quem veja no inocente ritual familiar uma das raízes da adição: todo mundo bebe, todo mundo brinda; vinho com água para crianças, champanha na chupeta do que acaba de ser batizado. Não parece que isso seja comprovado. O primeiro porre na adolescência seria um passo iniciático; um pai divide o cigarrinho de maconha com o filho, achando-se liberal, e abre uma terrível porta; a mãe, por medo de levantar esse véu, finge ignorar os olhos injetados, o fracasso na escola, ninguém procura saber das companhias do filho, do namorado da filha, das famílias deles — e tudo se precipita.

Não se pode minimizar também a adição em medicamentos. Somos uma geração medicada: remédio para

244 | *lya luft*

animar, para acalmar, para transar, para sofrer menos, para não sofrer. Para não pensar: são familiares as mulheres com aquele olhar vazio de quem está impregnada por algum remédio para dormir, para não se deprimir, para não sentir fome, e outros tantos.

Nos drogamos para anestesiar angústia e frustração; por onipotência juvenil, do tipo "eu sei me cuidar"; ou nos achamos mais desembaraçados, bem-falantes e agradáveis quando alcoolizados. Triste engano: o bêbado é o inoportuno, o constrangedor — não o constrangido — de qualquer grupo.

Um ponto singular é que a maioria dos que bebem ou usam drogas (exceto o crack, que produz uma adição quase imediata, e a morte rápida) não se vicia. Isso torna a questão mais complexa ainda: por que uns sim, outros não?

O vício se desenvolve e se torna poderoso nas águas turvas do desejo de morte, da falta de equipamento para enfrentar a vida, da fuga da realidade para uma solução mais fácil. Por falhas no metabolismo, por genética ou problemas químicos do organismo. Uma vez instalado, corrói a honra, a dignidade, a vontade, o amor da família ou pela família. Chega quase inexoravelmente a ruína financeira, e nos drogamos mais para fugir da vergonha e da culpa.

Morreu o instinto de sobrevivência, último a nos abandonar.

●

a riqueza do mundo

O mais perverso, mais preocupante nesse assunto não são os negócios altamente lucrativos que viciados proporcionam aos traficantes, as fortunas que circulam nesse meio, a falta de vigilância e controle em nossas fronteiras pelas quais a droga entra facilmente em toneladas e toneladas: talvez nem mesmo as mortes por assassinato nesse meio criminoso, ou porque o viciado não resistiu ao veneno que consumia.

São os milhões de usuários que enriquecem o traficante e estimulam sua atividade, mas não são viciados: usam drogas apenas para se distrair, divertir, acompanhar amigos ou aliviar tensões. Em lugar de enfrentar problemas, se ocultam em nuvens de fumaça ou enchem o nariz de poeira mortal, e em vez de assumirem responsabilidades, mesmo difíceis, injetam ilusão nas veias.

Há quem se escandalize: sou demais severa. Lamento, mas continuo acreditando nisso. Escrevi e disse, incontáveis vezes, e repito: sempre que um de nós fuma, cheira ou injeta qualquer veneno, está fazendo continência a um traficante, e colocando na sua arma a bala que pode matar um de nossos filhos.

A irresponsabilidade de muitos favorece os portadores da desgraça, que podem até se esconder, mas a cada pedido de mais droga e chegada de nova mercadoria, colhem mais uma vitória e enriquecem sua conta bancária.

A desgraça do ser humano ao qual atingem não faz para eles a menor diferença. Mas para cada um de nós, o vício, a destruição e morte de uma pessoa amada

246 | *Iya Luft*

fazem uma diferença enorme — nunca mais a vida será a mesma.

·

E quando alguém se salva da adição — pois alguns conseguem achar a saída desse labirinto, reconstruir sua vida e manter-se no controle —, como conseguiu?

Cada caso é individual e único. Não parece haver receitas nem saídas iluminadas para orientar os que as buscam.

Qualquer adição, para ser controlada, exige um esforço sobre-humano — atenção e disciplina pelo resto da existência. Difícil também sair do gueto dos viciados e livrar-se do preconceito que pode perdurar a vida inteira. Sóbrios há décadas, eventualmente escutam até de cobranças de uma pessoa próxima: "Quando você bebia...".

A noção de que família ajuda na superação é mais romântica do que realista. É provável que, por desconhecimento, receio, cansaço ou frieza, às vezes colabore para que o doente se afunde mais.

Pois nessa tumultuada arena a família adoece também, de várias formas. O viciado é um náufrago: arrasta consigo os que o amam, e não sabe disso. Ou não pode evitar. Em casa torna-se um estranho — buscando sobreviver, os envolvidos se afastam ou fingem ignorar.

Nem todos entendem que a adição, seja a que substância for, não é falta de vergonha ou caráter: é doença grave e sem cura, mas passível de controle. E geralmente nem todo o amor do mundo facilita ao doente a saída

a riqueza do mundo | 247

desse labirinto mortal. Como na história do homem cujo filhinho adoeceu, e à noite ardia em febre. O pai saiu para buscar remédio mas parou num bar, queria beber um pouco para acalmar a angústia. Lá encontrou parceiros de copo, bebeu até cair. Na manhã seguinte o levaram para casa: a criança tinha morrido.

Muitas vezes nem o medo da morte desperta para a crua realidade e dá a força para superar o vício, embora possa forçar, pelo susto, uma decisão libertadora.

Um novo relacionamento serve de alavanca, se deixar claro: com bebida, ou qualquer droga, nada feito. Grupos de Alcoólicos Anônimos (com ajuda para as famílias, nos Al-Anon), que prega a confiança numa Força Superior, e outros são os mais bem-sucedidos, acompanhados de remédios, terapias, quando necessário um período de internação.

É um trajeto complicado, sem amenidades, sem ilusões — mas é a saída para voltar a viver.

Alguns a encontram, e parece que para isso não há explicação racional, nem receita.

•

Escolhas acertadas não garantem resultados felizes.

Tanto quanto uma adição representa isolamento, superá-la também pode significar solidão. "Salvei minha vida, mas perdi a família", comentou alguém que tinha superado uma gravíssima adição, há vários anos. Eu não soube o que dizer.

Embora possa parecer bizarro, há famílias que preferiam o pai ou marido viciado. Sem autoestima, por culpa ou incapacidade, ele tinha passado negócios e dinheiro para mulher ou filhos mais velhos, eximindo-se ou sendo realmente incapaz. Superado o vício, queria retomar seu lugar no mundo, coordenando suas atividades e administrando suas coisas. Mas encontrava resistência.

"Quando era bêbado ele era muito chato mas eu tinha mais liberdade e cuidava de tudo, decidia tudo", queixou-se uma mulher cujo marido tinha superado a adição e com enorme esforço retomava sua vida. Em lugar de se alegrar, estava contrariada. "Agora voltou a cuidar dos negócios, do dinheiro, e eu estou achando ruim. Me sinto culpada por isso, mas é a verdade. Também os filhos o estranham, estavam habituados a vê-lo sempre distante, dormindo ou embriagado. Agora de repente ele quer ser pai.'

É imenso o poder do nosso componente autodestrutivo, com raízes nas águas escuras do inconsciente, do qual quase nada sabemos.

Muitas indagações, nem sempre respostas brilhantes: a verdadeira atingida, a vítima e ao mesmo tempo exterminadora, louca suicida, é a alma humana — tão forte e tão vulnerável, tão extraordinária e às vezes tão pobrezinha que gostaríamos de pegar no colo. Mas quando a queremos tocar, ela pode nos lançar um olhar gelado ou demente: muito distante do nosso ousado ou tímido desejo de ajudar.

'

a riqueza do mundo | 249

Resta-nos em geral o papel de agoniados espectadores, no nosso próprio tormento: o das dúvidas, indagações e preocupação com a pessoa amada.

Porém, pela dificuldade que a superação de um vício representa, cada adicto que com esforço e dor encontra a saída do mortal labirinto e se mantém no controle de sua doença, é uma prova de que mesmo nós, pobres humanos, anônimos e vulneráveis, podemos ser heróis.

E que a morte nem sempre tem a última palavra.

31 | O *poder feminino e a mulher limpinha*

Mulheres no poder ainda são uma relativa novidade. Não faz tanto tempo começamos a assumir postos de ministra, prefeita, governadora, cientista, motorista de táxi e ônibus, reitora, gari, e tantas outras profissões antes ditas masculinas.

A pergunta "como as mulheres exercem cargos de mando?" tem várias respostas. Já fiz o teste: os resultados que obtive foram desde "estão maravilhosas" até "andam muito loucas, mandonas demais". Ou: "mulher comanda com os velhos jeitos femininos, como fofoca, emocionalidade, irracionalidade".

(Dessa resposta naturalmente eu não gostei.)

Concluí, por essas e outras razões, que com o poder ocorre o mesmo que com o tempo: ou o transformamos em nosso bicho de estimação, ou ele nos derrota.

Para homens e mulheres, ele também é como certas substâncias que, usadas na medida certa, são remédios; um pouco menos, não adiantam nada; um pouco mais, são veneno e nos matam.

Estamos no começo da estrada que leva a uma atitude tranquila e ponderada das (e sobre as) mulheres no poder. Uma postura natural. Uma das dificuldades é a falta de modelos: quem eram mulheres "poderosas" antes de nós? Não muitas. Então precisamos nos inventar. O caminho tem muitas pedras, falseamos o pé, fazemos bobagens, precisamos de firmeza e lucidez.

(De bom humor também, que aqui é indispensável.)

Mulheres tiveram muita importância em outros tempos; em civilizações remotas conviveram com os homens em igualdade de condições. Aqui e ali foram até veneradas, pelo mistério e poder de quem dá a vida, e por isso fica mais próxima da morte.

A velocidade com que as mudanças sociais acontecem é perturbadora, e embora também nossos avós dissessem "nossa! como este ano passou rápido!", agora a vida se precipita. Tudo é agora, tudo é imediato, e tudo é aqui e rapidinho, Gaza e Wall Street, as cavernas do Afeganistão e as inundações no Oriente, as geleiras derretendo nos polos, o terrorista em Bagdá e o tresloucado que fuzila meia dúzia de crianças numa escola americana.

Nem as novas gerações de mulheres estão sempre à vontade com esse amigo/inimigo, o poder. O preconceito ainda hoje ensina muitas meninas que é melhor não estudar demais, não ser competente e forte demais, porque os homens "não gostam de mulheres inteligentes" — frase que minhas preocupadas avós e tias usavam referindo-se a mim.

lya luft

Ainda hoje se diz que um homem sozinho está "aproveitando a vida" — mas a mulher sozinha é aquela que ninguém quis.

Então: em que modelos vamos nos apoiar, nos inspirar, se escolhermos carreiras ditas "masculinas", que vão das mais simples às mais destacadas, uma cadeira no Senado, gerindo uma estância, manobrando grandes máquinas agrícolas ou à frente de sindicatos?

Resta-nos quase sempre a imagem dos homens.

E o cuidado em não nos tornarmos caricaturas deles, sem querer imitando jeitos e trejeitos que nos farão parecer a "sargenta", a "chefa", prepotente por insegura, e não muito estimada.

Estamos em plena busca de um "jeito feminino de exercer o poder".

Mas isso existe? Tem de ser buscado? E o que será afinal: um jeito delicado, cor-de-rosa? Ou um modo áspero, para superar velhos preconceitos, alguns instalados em nós mesmas?

Não creio que haja resposta corretas: tudo ainda é tentativa das gerações de pioneiras.

Talvez o melhor a tentar seja simplesmente o jeito humano — e isso pode mudar dependendo da pessoa, dos subalternos e colegas, do tipo de atividade.

Assumir seu posto de comando ou de trabalho, como apenas uma pessoa a quem aquele ofício ou aquele poder foi dado pela sorte, pelo destino, pelo mérito (o melhor de todos), por algum concurso, enfim, pelos caminhos da profissão.

a riqueza do mundo

Sem recorrer a teorias, mas sem esquecer o ingrediente essencial: uma bem-humorada autocrítica, que sempre ajuda.

Ainda nos iludimos quanto aos avanços da mulher no mundo atual. Muita coisa melhorou. Votamos, trabalhamos, pagamos contas, somos menos gueixas grátis e quem sabe mais parceiras. Se não formos economicamente dependentes (ou se o parceiro for uma mente aberta e moderna, for parceiro de verdade), não precisaremos de sua permissão para sair, estudar, trabalhar, viajar.

Porém, no inevitável jogo de poder que são as relações humanas, o risco de querer controlar e de ser controlado está sempre à espreita. E não falo só de mulheres submissas: conheço maridos que têm suas vidas tão regidas pela mulher que não sobra espaço para novas amizades, nem para simples troca de ideias e estímulos — sobretudo se for com outra mulher.

De ambas as partes, vidas controladas são vidas sufocadas, que sonham com uma saída. E o receio do próprio poder como fator eventual de isolamento castra muitas possibilidades brilhantes.

•

Lembrei muito da difícil parceria entre homens e mulheres numa sociedade ainda carregada de velhos conceitos, numa conversa casual com um taxista.

Gosto de falar com taxistas: sabem muito mais do que qualquer sociólogo sobre realidades da cidade ou do estado. Às vezes falo para que se acalmem e não corram demais. Como normalmente estou na direção do meu carro, como passageira sou mais do tipo assustado.

Nesse dia o senhor que me levava, simpático e calmo, começou, não sei por que artes, a falar de casamentos, de homens com amantes, de respeito da família. Na rádio se falava em um dos hoje famosos mineiros chilenos resgatados depois de mais de dois meses no fundo da terra. Um deles teria problemas com briga entre mulher e namorada. (Parece que a namorada venceu.)

Seja como for, de repente o motorista me dava lições de visão masculina — ou do que ele pensava ser isso. "Sabe como é, dona", ele dizia, "homem é homem." E repetiu enfatizando: "Homem é homem!!! A senhora entende." (Embora ele não me visse, concordei balançando afirmativamente a cabeça.) "Quer dizer", ele prosseguiu, "homem precisa se divertir de vez em quando. Aí pega uma garota dessas, e combina, quer fazer uma festinha? Ela concorda, a gente vai, faz a festinha, depois sai fora. Nada de complicação. Nada de desrespeitar a família."

Ele fez silêncio, eu continuei muda. Ele então prosseguiu:

"Mas tem uns trouxas que se apaixonam pela garota, aí montam casa, fazem filho, e um dia a mulher descobre, os filhos descobrem, e a desgraça tá feita. Isso não

a riqueza do mundo | 255

pode ser. Ainda mais quando se tem em casa uma mulher boa, limpinha, que cuida bem dos filhos e faz comida na hora certa."

O detalhe da mulher limpinha me pareceu tão bizarro que quase comecei a rir. Tudo me parecia tão descabido, tão deslocado no meu universo de dois mil e dez, que quase me belisquei para ver se aquilo era real. Era.

Ele então insistiu na mulher limpinha e boa mãe, essa a gente respeita.

"Aliás, eu vou lhe dizer, dona", ele continuava, sério e convicto, "quando meus filhos começaram a crescer eu larguei de mão dessas coisas, porque deus me livre perder o respeito da minha família. E eu tenho cinco filhos, dona, dois rapazes e três moças."

Lembrei do que diz minha amiga terapeuta (que não é minha terapeuta, naturalmente), que me acha demais romântica e ingênua. "Os homens têm duas plaquinhas bem separadas na cabeça, amor e sexo. Mulher tem as plaquinhas meio grudadas, por isso se ferra tanto."

Sábia amiga. A naturalidade com que o bom motorista fez seu discurso viril me convenceu de que sou, sim, destinada a morrer feito Isadora Duncan, enforcada na echarpe do meu incurável romantismo.

Finalmente, ao término de uma corrida civilizada, sem trancos nem sustos, entrei no hotel com a sensação de que tinha sido conduzida por um dinossauro.

Homens ainda pensam assim, vivem assim? O que sentiria, pensaria, viveria, uma dessas esposas limpinhas que botam a comida na mesa na hora certa, e cuidam direito dos filhos? Depois, rindo sozinha no elevador, olhei o espelho e vi uma dinossaura de óculos escuros achando graça de si mesma. Fora do tempo, da moda, da realidade, devia estar eu.

Mas me consolei um pouco lembrando, por outro lado, que muitos adolescentes hoje começam a retomar a questão da fidelidade, da monogamia, do casamento, da dedicação mútua, do respeito mútuo, da camaradagem. Da valorização de feminino e masculino em termos de parceria, não de dominação — e assim volto a um dos temas iniciais deste livrinho.

Seja como for, nesse dia, antes de sair do elevador, sorri mais uma vez, cúmplice, para uma dinossaura de óculos escuros que, de verdade, estava fora de moda. Ou era esquisita porque pensava, falava e escrevia sobre mulheres e poder, e sobre parceria dos gêneros, enquanto muita gente ainda valorizava o homem que é homem, portanto tem de se divertir, mas eventualmente se controla porque tem em casa "uma mulher limpinha". Que é possivelmente o desejo fundamental (além de criar bem os filhos e botar comida boa na mesa) de uma imensa maioria dos homens. E ideal de muitas mulheres.

A boa Simone de Beauvoir, como disse alguém sensato outro dia, e confirmam suas biografias e cartas, pas-

a riqueza do mundo | 257

sava boa parte do tempo servindo a Sartre, suportando com dor suas infidelidades, buscando fora desta relação, que tantos admiram, uma compensação para sua dura solidão amorosa.

E assim naufragam, na realidade concreta, muitas vãs teorias nossas.

32 | *O mundo que não acaba*

Muito do que vivemos hoje seria inimaginável mesmo nas mais loucas fantasias de nossos pais e avós — por exemplo, quando fui uma das primeiras meninas a usar calças jeans na minha pequena cidade.

Minha avó paterna, luterana fervorosa, embora fosse uma mulher culta exclamou ao me ver: "Isso é o fim do mundo!". E fez um comentário semelhante quando meu namoradinho, nós dois com quinze e dezessete anos, voltou de uma estada no Rio usando meias amarelas combinando com uma camiseta da mesma cor.

Nem o mundo acabou nem deixaram de acontecer coisas bem mais esquisitas, que me fazem lembrar aquele episódio, que na hora, com a insolência fácil dos adolescentes, achei muito engraçado.

Embora me considere razoavelmente uma mulher do meu tempo, constante observadora dele, me surpreendo pensando (e ao contrário de minha avó achando graça de mim mesma) algo parecido com "Nossa! O mundo está acabando!".

a riqueza do mundo | 259

Assim foi quando uma criança de seis anos serviu de atração num programa de TV, chorando de medo, nervosismo ou cansaço. Ninguém interveio logo. Se levassem a um programa desses, semana após semana, um filhote de cachorro para fazer gracinhas, as sociedades protetoras dos animais já estariam reclamando. (Quem cuida dos humanos?) Finalmente, uma promotora impediu a criança de exercer esse "trabalho".

Parece que a menininha voltou às telas em outra parte. Resolvi nem conferir. Afinal, o que tenho eu com todos os males da Terra, que não acaba de girar?

Acontece também quando salta aos olhos a confusão entre público e privado, entre revelar e preservar, mesmo em nossa vida cotidiana. Sou pelo cultivo da privacidade como melhoria do amor, sou pelo espaçoso como redenção do convívio, entre amantes e na família.

Mas nesse momento de compulsiva exposição, a privacidade é um bem raro. Queremos saber "tudo" de marido e filhos, e talvez revelar "tudo" a eles. Fim para o pudor do corpo e da alma. Porém entrar em quarto de filho sem bater à porta é um insulto, assim como abrir correspondência de marido (de mulher, de filho) ou escutar em extensão telefônica. Inadmissível quando se tem noção de que o outro não é "meu", não me pertence, como eu não lhe pertenço.

Não agimos assim por sermos pervertidos ou ignorantes, antes bombardeados por teorias que podem nos confundir mais do que informar e orientar.

Iya luft

É difícil discernir o que é positivo ou destrutivo, como devíamos nos comportar, como criar filhos, como tratar os pais, como lidar com alunos, empregados, patrões. Difícil acreditar nos governos quando temos medo de sair à rua, e nos apertamos em condomínios estreitos apenas porque têm cercas eletrificadas e homens talvez armados nas guaritas.

Difícil entender que tipo de relacionamentos deveríamos ter e cultivar, se casamos e descasamos com incrível facilidade, azar dos filhos.

Crianças de hoje hão de estranhar alguns desenhos em seus livros de escola, que apresentam a família como o pai lendo jornal, a mãe diante do fogão, a avó de óculos na ponta do nariz, cabelo branco preso no alto da cabeça, fazendo tricô. Ou será algo que, mesmo sem comentar, desejariam, arquétipo não mencionado, nem distinguido, mas onipresente?

Enquanto a vida dispara de um lado, de outro congelamos ícones já falsos, que perderam a credibilidade mas hão de aplacar alguma ansiedade nossa: preserva-se o passado como um retrato na parede, mas na realidade tropeçamos com valores ainda não estabelecidos e padrões que, nem chegam a se firmar, não valem mais.

Um terço do nosso dia transcorremos suando e sofrendo em academias muito além do recomendado: não para sermos saudáveis, mas para estar em forma, enquanto a alma passa uma fome danada e o tempo corre, a vida encolhe, nós nos desperdiçamos perseguin-

a riqueza do mundo | 261

do modelos impossíveis e burros — em geral nada saudáveis. De quebra, convencemos o marido a dar de presente uma lipo básica a nossa filha pelos seus quinze anos.

Ou treze?

•

O mundo não acaba mas anda girando torto, por exemplo quando se confunde pessoa pública e propriedade do público: o normal é querer que o outro baixe até as calças da alma e mostre as feridas. Quem é famoso pertence a todos.

Algumas chamadas celebridades parecem realmente querer fazer isso. Mas a maioria é assediada contra a sua vontade, pressionada a revelar o que fazem na cama, e com quem. Elas nem são "vistas" na rua, são "flagradas": o seu mero existir já é suspeito. As coisas mais banais, como levar o filhinho ao shopping, andar na praia com amigas, comer num restaurante, é objeto de lentes persecutórias, e recebe, sob fotos roubadas (os flagrantes), as mais estranhas legendas.

Aliás, vivemos numa era das mais contraditórias. Fervor com relação ao ambientalismo e natureza, podendo chegar a exageros impensáveis. Meu amigo atropelou um simpático tatu e quase pegou cadeia.

Se matasse com seu carro uma pessoa, sendo réu primário aguardaria em liberdade.

Viva o tatu.

Abaixo as pessoas.

Falou-se que os macacos das nossas poucas florestas, em certas regiões, eram perigosos por transmitirem uma doença aos humanos. Bandos armados ou agricultores isolados saíram a caçar, a toda hora se encontravam bugios, adultos e filhotinhos, mortos a tiros no chão. (Nessa hora ninguém ligava muito para a mãe natureza.)

Recentemente nos recomendaram que fizéssemos xixi no banho. É questão ambiental? Enquanto for só xixi que nos recomendam, e desde que não seja na banheira (chuveiro pode), estamos salvos.

Sou a favor de um ambientalismo sensato, que harmonize o convívio entre natureza e humanos, porém não dê mais atenção a baleias do que a crianças, aceite o progresso, fomente a educação e a higiene. Junto com o adesivo "salve as baleias" (ou "salve os bugios"), eu quero prender no meu carro um adesivo "salve as pessoas — para que elas possam cuidar dos animais".

Encarando todos os sustos que a vida nos apresenta, quem sabe nessa veloz andança a gente possa, em lugar de encolher, crescer. Não vejo outra maneira de andar nestes dias bons ou esquisitos, nos quais somos donos de pouquíssimas coisas, servos de muitas outras, e despreparados desbravadores de espaços sempre renovados, pois o mundo rebola pelo cosmos à revelia.

Se as crianças tiverem aconchego na família em lugar de pressões inadequadas, e escolas onde aprender; se todos tiverem onde morar e o que comer; se não precisarmos ser os melhores em tudo; se líderes de todos os

a riqueza do mundo

países não quiserem se entredevorar; se os bugios da minha mata forem deixados em paz; se os gordinhos não se sentirem os últimos da face da Terra, se aqui e ali pessoas ainda se amarem, e a gente não for multada por fazer xixi no vaso, sosseguem: o mundo pode parecer confuso, e meio tonto, mas podemos fazer nossos filhos, nossos projetos, nossa arte e nossas loucuras.

Ele ainda não vai acabar.

33 | *Não ir mais pra Pasárgada*

Eu já estava de malas prontas: ia pra Pasárgada — para quem não recorda, ou nunca soube, é o reino feliz inventado por Manuel, o Bandeira, onde ele iria dormir com a mulher escolhida, na cama do rei.

Bandeira, o nosso, foi um poeta maravilhoso. (Gosto dessa palavra embora ande tão banalizada. Se a gente olhar ou escutar direito, ela ainda diz alguma coisa — e é boa, e forte.)

Lá não tem notícia ruim, desgraça, acidentes, politicagem nem deslealdade. Lá crianças não comem lixo. Lá não existe homofobia, nem declarada nem sutil, lá não se precisa ser competente nem brilhante, ou atleta sexual, ter os melhores cartões de crédito, o carro mais potente, apartamento em Londres ou Paris.

Lá também não há instituições, e se houvesse, funcionariam.

Lá basta ser gente.

a riqueza do mundo | 265

Para lá eu quis escapar deste reino das frases infelizes e atitudes grotescas, dos reis feios e nus, das explicações cabotinas, da falta de providências e de autoridade, da euforia apoteótica de um lado, e da realidade tão diferente de outro. Do que nos ronda insuspeitado ou faz caretas na nossa janela, e a gente não acredita, nem se mexe, se ficarmos quietos o fantasma desaparece e o diabinho recolhe o rabão.

Eu ia embora porque enjoei da repetição obsessiva de fatos que provocam insônia no noticioso da noite e náusea no café da manhã. Ia partir sem endereço, sem telefone, sem e-mail. Levaria comigo pássaros, crianças, e esta paisagem diante da minha janela (com nevoeiro, porque aí é de uma beleza pungente).

Levaria família, amigos, livros, música e o homem amado.

Na minha nova e mágica terra eu tentaria não escrever mais sobre o que por estas bandas tem me angustiado ou ameaça transformar-se num tédio: sempre os mesmos assuntos? Só mencionaria o que faz a vida valer a pena: as coisas humanas, bons relacionamentos, escolhas positivas, alegria, vida e morte, e o mistério de tudo.

Talvez escrevesse sobre a dor (mas uma dor decente).

Sobre grandes ou pequenas vitórias, como quem deixou de beber ou de se drogar, quem teve coragem de ter um filho, quem sentiu a glória de se apaixonar com mais de sessenta anos, quem conseguiu abraçar um pai, um filho, a mãe que estava afastada.

Nem problema de transporte eu teria: para Pasárgada se viaja com o pensamento. Ainda bem, pois de avião estava sendo loucura e risco — ainda outro dia vi num aeroporto um simples pai de família com uma criança nos braços e outra dormindo no banco a seu lado, que estava lá há quase 24 horas e, entrevistado sobre aquele desconforto, respondeu: "A casa já caiu, temos de nos conformar".

Pois eu acho que nem precisamos nos mudar de estado ou país, nem devemos nos conformar. Resignar-se é ajudar a implantar o caos e a negligência generalizada; a passividade é uma dessas alegrias falsas que a gente devia questionar. Roubaram meu carro, não minha vida; mataram meu amigo, não a família toda: por trás desses comentários, que não inventei, espreita uma resignação maligna, que colabora com o mal que nos fazem.

É para rir ou para chorar? Ora rimos, ora choramos, esse é o novo jeito de ser.

Não em Pasárgada.

Para onde eu também levaria as minhas velhas crenças de que não somos totalmente omissos ou sem caráter, portanto este mundo tem jeito — embora às vezes eu não tenha muita fé nisso.

Uma dessas crenças é que a gente pode, sim, ser feliz. A gente pode até se vingar de toda a chatice, a grossura, a crueldade e angústia — sendo feliz.

Lembro a história da filha adolescente de um amigo que, rejeitada pelo namorado, passou uns dias em profunda tristeza, mas de repente apareceu na sala, perfumada, olhos brilhantes, pronta para sair. O pai interroga:

a riqueza do mundo | 267

Ué, filha, voltou com seu namorado? Resposta de inesquecível sabedoria: Não, pai, eu vou me vingar sendo feliz.

"Feliz?", dirão os céticos, os cínicos ou os simplesmente realistas. Pessoas mais graves e sensatas que eu.

Quero explicar: é às vezes só um relance, uma sensação de estar em razoável harmonia consigo, os outros, o mundo. Pode ser aquela música escutada sem saber de onde veio, a chuva que cai depois do trovão. Pode ser o trovão. Pode ser a pele incrivelmente doce de uma criança, uma voz amada nos chamando, o filho que nos telefona sem maior motivo do que saber como a gente vai, alguém conhecido na rua que nos abre um sorriso.

Poder dar o pão e o leite para os meninos, botar flores na mesa, trazer um perfume novo para a mulher, preparar um prato especial para o marido.

Curtir a natureza e saborear a arte, atender aos necessitados, preparar crianças e jovens para a vida, cultivar gentileza e carinho na família, olhar para dentro de si mesmo e escutar seus desejos e sonhos, e respeitar seus limites, tudo isso é um bom começo.

Talvez seja uma saída. Não podemos mudar o mundo, mas podemos mudar nossa postura nele.

É trabalho de formiguinha, eu sei: abrir-se para o que existe de positivo. Pois a gente pode descobrir ou inventar as coisas positivas, ainda que em alguns lugares, com algumas pessoas, ou escondidas em nós, para usar algumas vezes. Uma pequena Pasárgada em cada um.

Nossa liberdade, aqui onde não é Pasárgada, é obrigação de escolher: abro os olhos, não abro? Como essa comida, não como? Saio de casa, não saio? Vou no meu carro, ou, por causa da segurança, chamo um táxi? Telefono, fico calada, mando um e-mail ou risco da lista de meus endereços? (O coração sempre foi meu pior conselheiro.)

Sou boa, sou má, sou verdadeira, sou desonesta, sou lúcida, sou louca, cresço ou permaneço, amo ou abandono, ajudo ou torturo — e assim, com o leque das possibilidades, me foi dado o tormento das opções. Digo sim ou digo não, ou simplesmente fujo — quem sabe para essa terra perfeita que Bandeira inventou?

Mas na última hora decidi ficar.

Pois, fugindo, eu me sentiria como quem deserta um grupo com o qual tem laços muito fortes: meus leitores. Os que me acompanham e os que pensam diferente, até os indignados — às vezes por terem lido algo que nem estava ali, ou porque eu de verdade escrevi bobagem, falei do que não sabia direito. Todos são importantes para mim. Afinal somos irmãos, filhos desta realidade que, nas coisas luminosas, é quase igual a uma Pasárgada inventada.

Vou me vingar da chatice, da violência, das traições, da burocracia e da corrupção coroada, sendo feliz aqui.

E quando tudo me aborrecer de verdade, quando eu ficar cansada de minhas neuroses e manias, quando as pessoas estiverem demais distraídas, a paisagem perder a graça, a mediocridade instalar seu reinado e anuncia-

a riqueza do mundo | 269

rem o coroamento definitivo da burrice — vou espiar o letreiro que fala de uma riqueza disponível para qualquer um, e que botei como descanso de tela no meu eternamente ligado computador:

Escute a canção da vida.

Este livro foi composto na
tipologia Electra, em corpo 11.5/15.5,
e impresso em papel Off-White $80g/m^2$,
no Sistema Cameron da Divisão Gráfica
da Distribuidora Record.

PÓLEN É O PAPEL DO LIVRO.
PORQUE REFLETE MENOS LUZ E DEIXA A LEITURA MUITO MAIS CONFORTÁVEL.
QUANTO MAIS CONFORTÁVEL A LEITURA, MAIS PÁGINAS VOCÊ CONSEGUE LER.
LENDO MAIS PÁGINAS, MAIS RÁPIDO ACABA O LIVRO.
ACABANDO O LIVRO, MAIS TEMPO PARA LER OUTROS.
MAIS TEMPO PARA LER OUTROS, CADA VEZ VOCÊ LÊ MAIS.
LENDO MAIS, ACUMULA MAIS CONHECIMENTO.
MAIS CONHECIMENTO, MELHOR PARA TODO MUNDO.
PÓLEN. VOCÊ PODE LER MAIS.

ESTE LIVRO FOI IMPRESSO EM PAPEL SUZANO PÓLEN SOFT® 80 g/m².